HISTÓRIA MODERNA
UBIRAJARA BERNINI RAMOS

Freitas Bastos Editora

Copyright © 2025 by Ubirajara Bernini Ramos.

Todos os direitos reservados e protegidos pela Lei nº 9.610, de 19.2.1998. É proibida a reprodução total ou parcial, por quaisquer meios, bem como a produção de apostilas, sem autorização prévia, por escrito, da Editora.

Direitos exclusivos da edição e distribuição em língua portuguesa:
Maria Augusta Delgado Livraria, Distribuidora e Editora

Direção Editorial: Isaac D. Abulafia
Gerência Editorial: Marisol Soto
Copidesque: Lara Alves dos Santos Ferreira de Souza
Revisão: Enrico Miranda
Diagramação e Capa: Vanúcia Santos

Dados Internacionais de Catalogação na Publicação (CIP) de acordo com ISBD

R175h	Ramos, Ubirajara Bernini
	História moderna / Ubirajara Bernini Ramos. - Rio de Janeiro, RJ : Freitas Bastos, 2025.
	188 p. : 15,5cm x 23cm.
	Inclui bibliografia.
	ISBN: 978-65-5675-474-1
	1. História. 2. História moderna. I Título.
2025-193	CDD 900
	CDU 94

Elaborado por Odilio Hilario Moreira Junior - CRB-8/9949

Índices para catálogo sistemático:
1. História 900
2. História 94

Freitas Bastos Editora
atendimento@freitasbastos.com
www.freitasbastos.com

MINIBIO

Ubirajara Bernini Ramos, paulistano, nascido em 1956, cursou História na Universidade de São Paulo (USP), onde obteve o Bacharelado e a Licenciatura em História. Cursou a pós-graduação na Pontifícia Universidade Católica de São Paulo (PUC-SP), onde obteve o mestrado, sendo mestre em História Social. Leciona História em escolas do Ensino Médio e em cursos pré-vestibulares em São Paulo desde 1980. Atua também no Ensino Superior, lecionando História das Relações Internacionais para o curso de Relações Internacionais e cursos pré- vestibulares de São Paulo.

Dedico este livro à minha esposa,
Angela P. R. Ramos, pelo apoio e colaboração,
e aos meus pais, Gilberto Ramos e Dilce Ramos
(*in memoriam*), que me inspiraram
o amor pela História.

Agradecimentos a Diogo Bandeira de Souza,
pela leitura e revisão gramatical, e a
Henrique Cavalcanti de Albuquerque,
pelo apoio e pelas sugestões.

SUMÁRIO

APRESENTAÇÃO **9**
INTRODUÇÃO **11**

Capítulo 1 - O RENASCIMENTO CULTURAL **15**
1.1 – Uma reflexão sobre o termo Renascimento 15
1.2 – As características do Renascimento 17
1.3 – O Renascimento italiano 19
1.4 – O Renascimento em outros países da Europa 25
1.5 – O Renascimento e o conhecimento científico 29

Capítulo 2 - A EXPANSÃO COMERCIAL E MARÍTIMA EUROPEIA **33**
2.1 – Motivos gerais da expansão 33
2.2 – A expansão portuguesa 35
2.3 – A expansão espanhola 41
2.4 – A expansão de outros países europeus 44
2.5 – As consequências da expansão comercial e marítima europeia 46

Capítulo 3 - A REFORMA RELIGIOSA PROTESTANTE E A CONTRARREFORMA CATÓLICA **49**
3.1 – As principais causas da Reforma 49
3.2 – Lutero e a Reforma na Alemanha 52
3.3 – Calvino e a Reforma na Suíça 55
3.4 – A Reforma na Inglaterra 57
3.5 – A propagação do protestantismo 60
3.6 – A Contrarreforma Católica 62
3.7 – O Barroco 65

Capítulo 4 - O ESTADO MODERNO **75**
4.1 – A economia mercantilista 75
4.2 – As modalidades de Mercantilismo 78
4.3 – O Absolutismo 80
4.4 – Os teóricos do Absolutismo 83
4.5 – O Absolutismo na França 86
4.6 – O Absolutismo na Inglaterra 90
4.7 – O Absolutismo no restante da Europa 92
    4.7.1 – O Absolutismo na Espanha 92
    4.7.2 – O Sacro Império Romano-Germânico 95

Capítulo 5 - **A COLONIZAÇÃO EUROPEIA NA AMÉRICA** **97**
 5.1 – A população indígena 97
 5.2 – A colonização portuguesa 103
 5.3 – A colonização espanhola 106
 5.4 – A colonização inglesa 111
 5.5 – A colonização francesa 114
 5.6 – O Atlântico e as relações entre a Europa, a América e a África 115

Capítulo 6 - **A REVOLUÇÃO CIENTÍFICA NO SÉCULO XVII** **123**
 6.1 – O método científico 123
 6.2 – As descobertas científicas 126
 6.3 – O contexto social da Revolução Científica 128

Capítulo 7 - **AS REVOLUÇÕES INGLESAS DO SÉCULO XVII** **130**
 7.1 – As peculiaridades do Absolutismo inglês 130
 7.2 – A Revolução Puritana 133
 7.3 – O governo de Cromwell 136
 7.4 – A Restauração Stuart 139
 7.5 – A Revolução Gloriosa 141
 7.6 – Um balanço sobre as Revoluções Inglesas do século XVII 144

Capítulo 8 - **O ILUMINISMO** **147**
 8.1 – Os precursores do Iluminismo e as críticas ao Antigo Regime 147
 8.2 – O pensamento iluminista 149
 8.3 – Os economistas do século XVIII 156
 8.4 – O despotismo esclarecido 158

Capítulo 9 - **A INDEPENDÊNCIA DOS ESTADOS UNIDOS** **163**
 9.1 – O processo de independência 163
 9.2 – A Guerra da Independência 167
 9.3 – A formação dos Estados Unidos 170
 9.4 – As repercussões da Independência dos Estados Unidos 174

Capítulo 10 - **A REVOLUÇÃO INDUSTRIAL** **177**
 10.1 – Uma definição e as causas do pioneirismo inglês 177
 10.2 – A Revolução Industrial na Inglaterra e a mecanização da produção 179
 10.3 – Os efeitos da industrialização 181

REFERÊNCIAS BIBLIOGRÁFICAS **185**

APRESENTAÇÃO

Este livro destina-se aos estudantes do Ensino Médio, aos candidatos ao Vestibular e aos alunos de cursos de Ciências Humanas das faculdades de História, Ciências Sociais, Filosofia, Geografia, Relações Internacionais e Comunicação, e a todos os interessados pela História em geral.

Na exposição, utilizamos a divisão cronológica tradicional adotada pela historiografia e empregada no Brasil. Assim, este estudo de História Moderna aborda o período cronológico que vai do século XV ao XVIII.

Uma das preocupações da obra foi tratar os assuntos em uma linguagem acessível e dialógica, de maneira a explicar a complexidade dos processos históricos; assim, convidando o leitor a se aproximar do espírito da História. Isso posto, o objetivo foi evitar a enumeração de uma longa lista de fatos fragmentados e propor ao leitor uma reflexão crítica do processo histórico. Com esse propósito, os temas são analisados em seus aspectos econômicos, sociais, políticos e culturais, buscando a essência dos fatos.

Para proporcionar uma leitura mais fluida, optei por não utilizar notas de rodapé. Ao final do livro, é apresentada a bibliografia utilizada por mim.

O estudo da História Moderna nos capacita a compreender várias transformações que tanto marcaram a História Contemporânea, contribuindo para reflexões que permitam entender os desafios do nosso tempo.

INTRODUÇÃO

Na parte final da História Medieval, na chamada Baixa Idade Média, ocorreram, na Europa, o Renascimento Comercial e Urbano. As rotas comerciais, as feiras, a circulação de pessoas e mercadorias, a formação de bancos, bem como a retomada da vida urbana, inverteram as tendências de fechamento, isolamento e retração econômica predominantes durante o feudalismo.

As mudanças que atingiram a economia originaram no plano social a formação de uma rica parcela da sociedade composta de comerciantes, artesãos que viviam em cidades cercadas por muralhas – os burgos, que lhes serviam de proteção. Disso veio o nome burguesia, adotado para designar essa parcela da sociedade.

A procura por segurança nas rotas comerciais e os interesses na padronização da moeda, tributos e legislação fizeram os comerciantes concederem apoio, no plano político, à formação de governos que foram centralizando a administração. A unificação dos reinos em Estados Nacionais serviu ao interesse da burguesia.

Nos dois últimos séculos da Idade Média (XIV e XV), três calamidades atingiram a Europa: a guerra (Guerra dos Cem Anos), a peste (Peste Negra) e a fome. Aos flagelos que enumeramos, se somou o esgotamento das minas de ouro e prata, o que reduziu consideravelmente a cunhagem de moedas e o volume de dinheiro disponível para as atividades econômicas.

A superação de todas essas dificuldades impôs a procura e a conquista de mercados externos e de fontes fornecedoras de metais preciosos capazes de proporcionar a reativação da vida social e econômica da Europa. O contexto descrito ensejou a expansão comercial e marítima do século XV.

Nos territórios orientais da Europa, na Península Balcânica e na Ásia ocidental, o Império Bizantino, herdeiro da civilização clássica (greco-romana), se encontrava em declínio e sob forte pressão dos turcos.

Os turcos constituíam uma tribo repelida para o oeste pelos mongóis, no movimento que os levava em direção à Ásia Menor. Os turcos organizaram um Estado poderoso no fim do século XIII, liderado por Othman, fundador da Dinastia Otomana. Em permanente expansão durante o século XV, sob a liderança do sultão Maomé II, os turcos otomanos sitiaram Constantinopla. A cidade foi bravamente defendida pelo imperador bizantino Constantino XI, apoiado por alguns contingentes venezianos e genoveses. Os turcos dispunham de um forte exército e de uma poderosa artilharia, que abriu brechas na velha muralha que protegia Constantinopla. O imperador bizantino tombou na defesa das muralhas, em 29 de maio de 1453. Maomé II conquistou Constantinopla, e o poder dos turcos otomanos se instalou em ambas as margens do Bósforo: a asiática e a europeia. Desaparecia o antigo Império Romano do Oriente, que em seus últimos tempos de existência se mostrava muito frágil.

O Império Bizantino já vinha sofrendo com a influência econômica de Veneza e Gênova que controlavam o Mar Mediterrâneo. Em 1453, seu território caiu em poder dos turcos otomanos. A cultura bizantina, entretanto, não desapareceu; pois, após a conquista turca, muitos sábios fugiram para o Ocidente, sobretudo para a Itália, levando para lá seus conhecimentos, sua ciência e os manuscritos que puderam salvar de suas bibliotecas. Vários desses sábios foram lecionar nas universidades italianas e exerceram influência no desenvolvimento da cultura humanista.

No campo cultural, nos séculos XIV, XV e XVI, ocorreram várias alterações. Ao movimento ocorrido na mudança da História Medieval para a História Moderna deu-se o nome de Renascimento Cultural. Tratou-se do revivescimento da cultura clássica greco-romana, porém não como uma cópia daquela, mas expressando os valores da burguesia, classe social em ascensão. Surgido na região da atual Itália, em cidades como Veneza, Gênova e Florença, que monopolizavam o comércio de especiarias com o Oriente e se beneficiavam com o intercâmbio cultural com as civilizações bizantina e islâmica, o Renascimento Cultural se alastrou por outros países da Europa, abrangendo manifestações na literatura, nas artes plásticas, na filosofia e na ciência.

A expansão comercial e marítima europeia, deflagrada no século XV e que prosseguiu no século XVI, permitiu a exploração do litoral do continente africano, o contorno de sua extremidade meridional em direção à Índia, na Ásia, bem como a conquista da América.

O objetivo deste livro é colocar em destaque todos os efeitos produzidos pelos contatos entre os europeus e as sociedades que com eles passaram a se relacionar, na África, na América ou na Ásia, indo além da constatação da propagação dos idiomas espanhol, português, inglês e francês, e do cristianismo. Certamente a imposição pelos europeus da língua e da religião foram armas da conquista, embora involuntariamente esse processo tenha feito a Europa receber influências culturais das regiões exploradas; no entanto é fundamental constatar que a expansão comercial e a colonização subsequente foram fatores do enriquecimento da Europa, ou seja, uma acumulação de capital que proporcionaria o deslanchar do capitalismo.

Com o início da História Moderna, o mundo europeizou-se. Nesse sentido, o que você precisa saber é que, para muitos povos não europeus, isso significou o extermínio.

Capítulo 1

O RENASCIMENTO CULTURAL

1.1 – Uma reflexão sobre o termo Renascimento

Em geral, encontramos o título Renascimento Cultural em um sentido do revivescer de uma cultura que havia morrido na Idade Média, período chamado por alguns de Idade das Trevas, da escuridão, de um tempo de obscuridade em matéria cultural.

Pois bem, resolvemos iniciar este capítulo com essa reflexão sobre o conceito de Renascimento, pois não é simples definir um movimento tão amplo quanto a Renascença.

Uma análise superficial aponta que, com o Renascimento Cultural, escritores, artistas e filósofos recuperaram e aplicaram antigos ensinamentos e modelos da Grécia e de Roma, comportamento que refletia a criação de uma cultura leiga e burguesa que rompia com a cultura teocêntrica, religiosa e medieval.

Essa análise é contestada por historiadores com especialização em História Medieval que consideram o Renascimento como uma extensão da Idade Média, e não como um súbito rompimento com o passado. Esses historiadores argumentam que a retomada do conhecimento clássico já havia se manifestado na Alta Idade Média e que estudos jurídicos e escolásticos tinham florescido em universidades como Pádua e Bolonha antes de 1300. O comércio e a vida na cidade, características da sociedade renascentista, também foram presentes na Baixa Idade Média, entre os séculos XII e XV.

Certamente o Renascimento não foi um rompimento completo e súbito com a Idade Média. Muitos costumes e atividades medievais persistiram no Renascimento.

Para melhor compreender o que ocorreu, não podemos isolar o aspecto cultural. É certo que mudanças começaram a se manifestar, durante a Baixa Idade Média, em diferentes planos, como: na economia, na sociedade, na política e na cultura. Para melhor entender o que ocorria, é útil identificar o recorte cronológico dessas alterações entre os séculos XIV, XV e XVI. Conforme observamos, foram lentas mudanças situadas aproximadamente entre 1300 e 1600.

No plano econômico, ocorria o Renascimento Comercial, que ensejou o Mercantilismo e a expansão comercial e marítima dos séculos XV e XVI. No plano social, as cidades afirmavam um ambiente urbano em que a burguesia, ligada à florescente economia comercial, adquiria protagonismo. No plano político, acontecia uma gradual centralização do poder, que resultou na formação do Estado Moderno. No plano cultural, o Renascimento foi parte desse conjunto de alterações, influenciando-as e sendo influenciado por elas.

Foi marcante a influência da cultura greco-romana sobre o Renascimento, fosse quanto aos temas de inspiração, fosse em relação às formas de composição. No entanto, é necessário salientar que não foi uma simples cópia da cultura clássica, pois reinterpretou-a à luz de uma época diferente, em um contexto diverso, isto é, em um mundo urbano e burguês.

Assim, o termo Renascimento foi cunhado, provavelmente, no século XVI, por indivíduos como Giorgio Vasari, um crítico de arte, para contrastar a cultura e a arte de seu tempo em relação ao que se fizera na Idade Média, sem dúvida, com outras características. Portanto, o Renascimento foi o vivificar de uma inspiração clássica, projetando uma nova cultura, sob a influência de mudanças que ocorriam naquele tempo, em que se constituíram novas formas de pensar, sentir e agir entre os europeus.

Identificar e conhecer as características da cultura renascentista ajuda a compreender aquele momento de transição da Idade Média para o Mundo Moderno.

1.2 – As características do Renascimento

No conjunto da cultura renascentista, em suas múltiplas manifestações artísticas, literárias, filosóficas e científicas, sobressaiu-se uma série de características, tais como: humanismo, secularismo, hedonismo, antropocentrismo, racionalismo, individualismo e naturalismo. Essas características serão examinadas em seguida.

O **humanismo** foi a própria alma do Renascimento. Traduzia-se sobretudo pelo enaltecimento da cultura da Antiguidade Clássica. O termo humanismo é originário do latim *humanus*, e quer dizer cultivado. Um dos objetivos do Humanismo era a realização do homem universal, que devia abarcar com seus conhecimentos e habilidades todo o universo. A atitude humanista para com a Antiguidade diferiu dos eruditos da Idade Média. Enquanto eles buscavam adaptar o conhecimento clássico a uma concepção cristã do mundo, os humanistas do Renascimento valorizavam a literatura antiga por ela própria, por seu estilo claro e elegante. Para se tornarem cultos era necessário conhecer os clássicos. Ao contrário dos filósofos escolásticos que usavam a filosofia grega para provar a verdade das doutrinas cristãs, os humanistas italianos usavam o conhecimento clássico para alimentar o seu novo interesse pela vida terrena. Uma das principais fontes do Humanismo foi o estudo de Direito que floresceu nos séculos XIII e XIV em Bolonha, Pádua e Ravena. Os estudiosos aprendiam, além do Direito, Retórica e Dialética.

Francesco Petrarca, um dos primeiros humanistas, foi chamado de "pai do humanismo". Ele e seus seguidores levaram longe a tarefa de recuperação dos clássicos, tendo por inspiração Cícero, o velho orador romano.

Os humanistas eram hostis às influências escolásticas e medievais marcadas pelo teocentrismo cristão. A perspectiva cristã considerava a história como uma simples revelação da vontade e da providência divinas. Os humanistas realçavam a importância das ações e vontades dos homens na história.

O **secularismo** foi uma característica marcante da sociedade renascentista. Fascinados pela vida das cidades e ansiosos para desfrutar os prazeres terrenos que o seu dinheiro podia obter, os mercadores e banqueiros ricos se afastavam da preocupação medieval com a salvação. Eles não eram descrentes nem ateus, mas cada vez mais a religião tinha de competir com as preocupações mundanas. O desafio e o prazer de viver bem neste mundo pareciam mais excitantes do que a promessa do paraíso.

O **hedonismo** exprimia a ideia do prazer como um bem supremo que traz sentido para a vida e a existência humana. Opunha-se ao comportamento humano de sofrimento e resignação característicos da Idade Média. Essa perspectiva de busca do belo e da perfeição encontrou expressão concreta na arte e na literatura renascentistas.

O **antropocentrismo** significou a valorização do ser humano, o homem como centro do universo, contrapondo-se ao teocentrismo medieval (Deus como centro do universo). O homem passava a encarar-se como "medida de todas as coisas", retomando uma frase de Protágoras, um filósofo da Grécia Antiga.

O **racionalismo** foi o contraponto à cultura medieval baseada na autoridade divina. Os renascentistas valorizavam a razão humana como base do conhecimento. O saber tornou-se fruto da observação e da experiência. A produção artística tornou-se orientada pela razão, e o ideal de racionalidade expressava-se na realização das formas perfeitas e puras, na busca pela simetria e pela regularidade.

O **individualismo** se afirmou na medida em que a vida urbana livrava as pessoas ricas e talentosas das antigas subordinações aos senhores feudais e à Igreja. A elite urbana buscava afirmar a própria personalidade, descobrir e exprimir os sentimentos próprios, demonstrar seus talentos, conquistar a fama e a glória, e satisfazer as suas ambições. Há que se notar que era um ideal elitista, pois referia-se a uma minoria e não ao povo em geral. Valorizava o que era distintivo e superior em um indivíduo, e não o que era comum a todos os homens; preocupava-se com as distinções de alguns e não com as necessidades ou direitos de todos.

O **naturalismo** era decorrente da aceitação da natureza em geral e da natureza humana em particular como algo bom. Esta noção entrava em conflito com as ideias cristãs que descreviam a natureza humana como marcada pelo pecado original, tendendo de forma inexorável ao mal. Os renascentistas tinham uma atitude positiva diante do mundo, da natureza, e acreditavam na capacidade humana, no progresso. A aceitação da natureza do corpo humano como algo bom revelou-se, especialmente, na nudez dos corpos cada vez mais frequentes nas pinturas renascentistas. A observação da natureza e da livre interpretação contribuiu para o desenvolvimento dos métodos de pesquisa e experimentação.

1.3 – O Renascimento italiano

A região da Itália foi o berço e o centro da cultura renascentista. A Itália, nesse período, não constituía aquilo que atualmente se considera um país, um Estado Nacional. A Península Itálica era dividida em uma série de Estados, ou cidades-Estados, como Milão, Florença, Veneza, Mântua, Bolonha e Gênova. Elas haviam se convertido em prósperos centros comerciais e bancários e monopolizavam o comércio entre o Oriente e o Ocidente. Assim, as frotas mercantes, principalmente de Veneza e Gênova, transportavam mercadorias dos portos do Mediterrâneo oriental para o Ocidente. Cidades como a Sereníssima República de Veneza fizeram fortuna graças ao comércio. Quando papas, monarcas e nobres feudais precisavam de dinheiro, pediam emprestado aos banqueiros-mercadores italianos, como os Médici, de Florença.

Entre os fatores que contribuíram para que o Renascimento Cultural tenha tido a região da Itália como seu ponto de partida, destacam-se:

- o Renascimento Comercial que favoreceu várias cidades italianas;
- o Renascimento Urbano ligado às atividades comercial e à manufatureira, que criaram um novo estilo de vida;
- a ação dos mecenas, que eram burgueses ricos, grandes senhores, príncipes e papas que protegiam e financiavam o trabalho dos artistas e escritores;
- e o fluxo de sábios bizantinos que fugiram para cidades italianas depois da conquista de Constantinopla pelos turcos, levando manuscritos antigos, erudição e conhecimentos sobre a cultura grega antiga.

O Renascimento Cultural não foi um processo homogêneo. Seu desenvolvimento foi muito desigual, tanto se considerarmos os lugares e a época como quando verificamos os diferentes setores culturais atingidos.

Nas ricas repúblicas italianas, como Florença e Veneza, ocorria que, para os novos ricos, a burguesia nascente, a arte podia ter um fim político, mostrar um poder e exercer sobre os cidadãos encantamento, orgulho e patriotismo, o que a literatura também permitia. A burguesia imprimiu às realizações do Renascimento a sua visão de mundo, suas concepções, seus valores, seu gosto.

Um dos precursores do Renascimento Cultural foi o poeta e escultor Dante Alighieri. Nascido em Florença, foi o autor da obra *A Divina Comédia*. Nessa obra, o autor, guiado pelo poeta romano Virgílio, símbolo da razão humana, percorre o inferno e o purgatório, e depois o paraíso, levado pela mão de sua amada Beatriz, símbolo da graça divina. A obra foi escrita em dialeto toscano, que serviu de base para a língua italiana vernácula, que acabou gradativamente substituindo o latim, ainda utilizado naquele tempo para textos eruditos.

O RENASCIMENTO CULTURAL

No século XIV, chamado pelos italianos de *Trecento*, sobressaíram escritores humanistas como Petrarca e Boccaccio. Petrarca, em sua obra *África*, imprimiu marcantes traços dos clássicos greco-latinos. Outra obra de sua autoria chamou-se *Odes a Laura*, coleção de sonetos, poemas escritos em 14 versos. Outro grande escritor do século foi Boccaccio, amigo de Petrarca, com quem mantinha regular correspondência. Boccaccio foi o autor, entre outras obras, do *Decameron*, conjunto de contos que ressaltam o egoísmo, o erotismo e o anticlericalismo. Boccaccio foi o criador da prosa italiana.

No campo artístico, as artes plásticas (pintura e escultura) ocuparam um lugar de destaque. Na pintura, Giotto rompeu com a tradição da pintura medieval e seu imobilismo. Giotto fez do humano o foco de suas pinturas. Uma de suas principais obras é *São Francisco Pregando aos Pássaros*. Os acontecimentos, para um artista como Giotto, situavam-se no mundo humano, e não mais no além.

No século XV, chamado pelos italianos de *Quattrocento*, o entusiasmo pela cultura greco-romana estimulou o estudo das línguas clássicas e o paganismo. Em Florença, em torno de Marsílio Ficino, organizou-se a Escola Filosófica Neoplatônica, sob a proteção de Lourenço de Médici. Na pintura, novas técnicas passam a ser utilizadas. Em lugar da têmpera, surge a pintura a óleo – que, ao possuir maior tempo de secagem, permitia correções –, e se desenvolve a técnica da perspectiva, com um tratamento geométrico do espaço e da luz. Um dos grandes artistas dessa época foi Masaccio, autor de trabalhos como *O Pagamento do Tributo*, obra em que um cobrador de impostos aborda Cristo e seus discípulos para pagar o tributo do templo. Chama a atenção nessa obra o uso inovador da perspectiva e o *chiaroscuro* (luz e sombra). Um dos pintores mais admirados daquele tempo foi Sandro Botticelli, que viveu em Florença e foi protegido pela família Médici. Foi a serviço dessa família de mecenas que realizou obras como *A Primavera* e *O Nascimento de Vênus*, em que trabalhou temas como mitologia e religião, empregando cores vivas e representando movimentos suaves, realçando as forças da natureza.

Figura 1.1 – *O Nascimento de Vênus* – Sandro Botticelli – 1483

Fonte: Galleria degli Uffizi, Florença.

No século XV, na arquitetura, destacou-se Filippo Brunelleschi, que abandonou as normas góticas e projetou igrejas, como a Catedral de Florença (famosa por sua imensa cúpula), inspiradas por modelos clássicos. Um recurso utilizado por Brunelleschi foi o da perspectiva matemática. Foi também o arquiteto responsável pelo projeto do Palácio Pitti.

Girolamo Savonarola foi um padre dominicano que liderou, em 1494, um movimento religioso que acusava o humanismo renascentista, com sua pintura, poesia e antropocentrismo, de significar um retorno ao paganismo, acarretando uma decadência nos costumes. Excelente orador, o prestígio de Savonarola tornou-se praticamente o líder do governo de Florença, transformando-a quase em uma teocracia, em que livros e obras de arte eram queimados em nome da pureza da fé, em praça pública. Suas pregações o levaram a entrar em atrito com o papa Alexandre VI, a quem criticava, e culminaram na sua excomunhão, prisão, tortura, enforcamento e queimação em praça pública. Com sua morte, a família Médici reassumiu o controle do governo em Florença.

No século XVI, chamado pelos italianos de *Cinquecento*, atuaram alguns dos mais célebres renascentistas, artistas que se aproximaram do ideal da universalidade e que se notabilizaram como artistas completos, como Leonardo da Vinci, Michelangelo Buonarroti e Rafael Sanzio.

Considerado como uma figura de transição entre o *Quattrocento* e o *Cinquecento*, tido como um gênio universal, um verdadeiro polímata, Leonardo da Vinci foi alguém capaz de abarcar todo o saber. Foi pintor, escultor, engenheiro, físico, botânico, urbanista, filósofo e músico. A ele se atribuem estudos e inventos técnico-científicos, como esboços de um helicóptero e de profundos conhecimentos de anatomia necessários para a realização de obras de pintura ou de escultura que reproduziam de forma perfeita o ser humano. Como pintor, executou obras de uma genialidade insuperável, tais como *A Última Ceia* e a *A Gioconda* (*Mona Lisa*). Além do uso da perspectiva, empregou um recurso artístico que os italianos chamam de *sfumato*, que deixava um tanto imprecisos e sombrios os contornos da face, dotando-os de uma feição enigmática.

Figura 1.2 – *A Última Ceia* – Leonardo da Vinci – 1498

Fonte: Santa Maria delle Grazie, Milão.

No século XVI, Florença perdeu a condição de principal centro cultural para Roma. Foi quando sobressaiu-se Michelangelo, que atuou sob a proteção de papas, o que explica que várias de suas obras estivessem ligadas à construção e à decoração de igrejas, sendo, portanto, marcadas por temas religiosos. Uma dessas obras foi a decoração do teto e da parede principal (atrás do altar-mor) da Capela Sistina, no Vaticano, encomendada pelo Papa Júlio II. São pinturas que remetem para a história do Velho Testamento. A Criação de Adão é o mais famoso desses afrescos extraordinários, que incluem, também, o *Juízo Final*. Na escultura, Michelangelo realizou trabalhos admiráveis, como *Pietà* (figura de Nossa Senhora com Cristo morto nos braços), o *Davi e Moisés*, trabalhos esculpidos em mármore.

Rafael Sanzio foi um dos gigantes artísticos e senhor do desenho na pintura. As suas composições adotavam a perspectiva, o *sfumato* e a harmonia. Tornou-se famoso pela singeleza de suas *Madonas*. Entre seus mais importantes trabalhos, destacam-se: *A Escola de Atenas, A Sagrada Família, O Retrato do Papa Leão X e O Encontro do Papa Leão I e Átila*.

Em Veneza, no século XVI, artistas realizaram trabalhos formidáveis utilizando a cor como principal veículo para alcançar unidade e harmonia. Entre tais artistas, destacaram-se Giovanni Bellini e Ticiano, sendo este último um mestre da luz e da cor. Ticiano foi o autor de um retrato do imperador Carlos V do Sacro Império Romano-Germânico, o governante mais poderoso da época.

No século XVI, Nicolau Maquiavel escreveu a obra *O Príncipe*, considerada uma referência em filosofia política. A obra questiona as tradições religiosas e a visão dominante de que o Estado é uma criação de Deus e que o governante deve basear a sua política nos princípios morais cristãos. Para Maquiavel, a religião não era base da política, mas simplesmente um instrumento útil na luta do príncipe para a consecução de seus fins. Trataremos com mais detalhes a respeito de Maquiavel e sua obra no Capítulo 4.

1.4 – O Renascimento em outros países da Europa

A cultura renascentista não se desenvolveu só na região da Itália, pois se propagou pela Europa ocidental, alcançando França, Inglaterra, Portugal, Espanha, Países Baixos (Bélgica e Holanda) e Alemanha (naquele tempo, Sacro Império Romano-Germânico).

O surgimento da tipografia, com a primeira máquina de impressão, criada por Johannes Gutenberg, por volta de 1450, com uso de um sistema mecânico de tipos (letras) móveis, contribuiu para a Renascença ao disseminar o conhecimento democratizando-o, o que repercutiu também na Reforma Religiosa.

Na França, destacaram-se Michel de Montaigne e François Rabelais. Ambos pensaram e escreveram contra as guerras religiosas resultantes da Reforma Protestante do século XVI. Na filosofia, Montaigne escreveu a obra *Ensaios*, em que exibiu o seu espírito urbano e cáustico, revelando ceticismo e introspecção, em uma tentativa de encontrar a moralidade mais no eu do que nos valores públicos. Na literatura, Rabelais foi o autor de *Gargântua e Pantagruel*. Diante do dogmatismo religioso, o autor defendia a bondade essencial do indivíduo e o direito de ser livre para desfrutar do mundo e gozar a vida terrestre e mundana.

Na Inglaterra, ocorreu que muitos ingleses estudaram na Itália, principalmente em Florença, e introduziram o estudo humanístico dos clássicos na Universidade de Oxford. Um dos humanistas ingleses que estudaram em Oxford foi Thomas More, que fez carreira como servidor público e membro do Parlamento. More, sob a influência do humanismo, latinizou o seu sobrenome para Morus. Foi o autor da obra *Utopia*, uma das obras mais originais de todo o Renascimento. Na obra, descrevia uma ilha perfeita, onde imperavam a mesma língua e as leis, e instituições eram ideais, ao ponto de dispensarem a necessidade de advogados. O autor usou a *Utopia* para sugerir reformas, tais como a eliminação da propriedade privada. More chegou a desempenhar a função de grande chanceler da Inglaterra no reinado de Henrique VIII, com quem se desentendeu, por ocasião da Reforma Anglicana, vindo a ser executado sob a acusação de traição.

Ainda na Inglaterra, William Shakespeare foi autor de dezenas de peças de teatro em que deu expressão aos valores renascentistas como a honra, o heroísmo e a luta entre o destino e a sorte. Em suas peças, como as tragédias *Rei Lear* e *Júlio César*, os homens, mesmo os heróis, apesar das virtudes, se veem às voltas com suas fraquezas humanas. O drama psicológico faz vir à tona a intensidade da alma humana com todas as suas múltiplas faces. As tragédias foram as maiores responsáveis pela celebridade de Shakespeare e incluem, além das já citadas, peças como *Hamlet*, *Otelo* e *Macbeth*.

Em Portugal, o humanismo floresceu nos séculos XV e XVI, paralelamente com as grandes navegações. No teatro, Gil Vicente destacou-se com seus autos, como o *Auto da Visitação* e o *Auto dos Reis Magos*, e a trilogia de sátiras: *Auto da Barca do Inferno*, *Auto da Barca do Purgatório* e *Auto da Barca da Glória*. Uma de suas obras mais conhecidas é a *Farsa de Inês Pereira*. Considerado como o pai do teatro português, foi um crítico severo dos costumes.

A literatura portuguesa teve no poeta Luís de Camões o seu principal expoente. Tendo por referência a literatura clássica de Homero e Virgílio, utilizou-se de elementos estilísticos inspirados por tais poetas. A sua obra épica *Os Lusíadas* constitui a maior epopeia em língua portuguesa. Tendo como pano de fundo a viagem de Vasco da Gama, o autor recorre à mitologia clássica e serve-se dos deuses do Olimpo com suas paixões e intrigas, que constituem o enredo do poema. Por meio dos deuses, o autor introduz no poema um conteúdo humanista de confiança no destino humano, tendo em conta o triunfo dos homens sobre os deuses.

Na Espanha, o humanismo constitui um caso peculiar, em razão da importância da Igreja Católica no final do século XV e no século XVI. O humanismo espanhol foi poderosamente influenciado pelo

Cardeal Francisco Jiménez de Cisneros, fundador da Universidade de Alcalá de Henares, um dos inspiradores do humanismo cristão.

A literatura espanhola teve em Miguel de Cervantes o seu maior vulto. A sua principal obra, *Dom Quixote de La Mancha*, é considerada a maior sátira produzida em todos os tempos. O autor satiriza os ideais cavaleirescos. Dom Quixote, vítima de suas ilusões, anda pelos campos da região de La Mancha, em busca de aventuras amorosas e da oportunidade para provar o seu valor cavaleiresco. O criado Sancho Pança, o escudeiro do cavaleiro Dom Quixote, serve ao autor como contraponto da insanidade de seu amo. Pança é sensato, prudente, realista, tem os pés no chão, mas vive o infortúnio de um mundo dirigido por homens cheios de ilusão. O autor desenvolve uma sátira sútil, ao mostrar que os valores cavaleirescos da nobreza e seu conservadorismo ainda estavam presentes na Espanha até o início do século XVII.

O Renascimento Artístico na Espanha, no século XVI, contou com a atuação de Doménikos Theotokópoulos, um imigrante de Creta, conhecido como El Greco. O artista foi o responsável por uma obra notável, *O Enterro do Conde Orgaz*, em que o artista revela as duas dimensões da existência humana: embaixo, a morte, e em cima, o céu, a vida eterna. O artista exibe um completo domínio dos recursos de luz e sombra nesse trabalho que se encontra na Igreja de São Tomé, na cidade de Toledo.

No Sacro Império Romano-Germânico, nome naquele tempo da Alemanha, foram artistas de destaque Albrecht Dürer e Hans Holbein.

Albrecht Dürer foi um gravurista, ilustrador, pintor alemão que exerceu influência sobre muitos artistas de seu tempo. Nomeado pintor da corte do Imperador Maximiliano I, desfrutou de grande prestígio. Suas obras principais são *A Adoração dos Magos* e *Os Quatro Apóstolos*.

Hans Holbein tornou-se célebre pelos seus retratos, entre os quais se destacam os de "Henrique VIII", "Erasmo de Rotterdam", Jane Seymour e Ana de Cleves. O artista é considerado como mestre do retrato no Renascimento. Viveu na Inglaterra, então, sob o governo de Henrique VIII, quando a Casa Real inglesa lhe patrocinou os trabalhos, atuando como seu mecenas.

Nos Países Baixos (Flandres, Bélgica, Holanda), graças ao Renascimento Comercial e Urbano, floresceu uma rica burguesia, composta de prósperos comerciantes que estimularam a pintura como um símbolo de seus gastos luxuosos. Pioneiros, os irmãos Van Eyck utilizaram a técnica da tinta a óleo em obras como *Adoração do Cordeiro Místico*.

O Renascimento flamengo foi fecundo, tendo gerado artistas como Hieronymus Bosch, autor de trabalhos como *O Jardim das Delícias* e a *As Tentações de Santo Antão*. Sua obra apresenta composições fantásticas, intrigantes e satíricas a um tal ponto que alguns estudiosos consideram Bosch como um precursor do Surrealismo, escola artística do século XX que teve mestres como Max Ernst e Salvador Dalí.

Um artista flamengo singular foi Pieter Bruegel. Deixando de lado os retratos burgueses, imprimiu um aspecto social em suas obras, pintando homens do povo e festas populares, como casamentos e feiras de aldeia. Entre suas obras, destacam-se *Banquete Nupcial, Dança Campestre* e *O Triunfo da Morte*.

No campo da música, os flamengos revelaram virtuosismo, refinamento e talento que tornaram a região de Flandres eixo de um novo tipo de música. Entre os destaques nessa área, estava Joaquim Desprès, grande mestre da polifonia. Seu estilo musical exibia inovações melódicas e temas populares.

A figura mais importante do Renascimento na Holanda foi Desidério Erasmo, mais conhecido como Erasmo de Rotterdam, cidade onde nasceu. Profundo conhecedor dos clássicos como Sócrates e Cícero, estudou em Paris e lecionou em Oxford. Foi um dos responsáveis por transformar o humanismo renascentista em um movimento internacional. Viajou por toda a Europa como educador e estudioso bíblico. Para promover a sua filosofia, escreveu, no século XVI, a obra *Elogio da Loucura,* em que usa a sátira para defender suas ideias. Para ele, a verdadeira religião não depende do dogma, do ritual ou do poder clerical.

As ideias de Erasmo de Rotterdam acabaram incorporadas no turbulento século XVI, por movimentos e tendências completamente contrários. Por um lado, Martinho Lutero alegou influência erasmiana na Reforma Religiosa Luterana, com a qual, vale dizer, Erasmo não concordou. Por outro lado, pensadores como Rabelais e Montaigne citavam Erasmo como fonte de inspiração quando recomendavam a tolerância.

1.5 – O Renascimento e o conhecimento científico

Uma das contribuições mais importantes para o conhecimento científico foi a criação do método experimental desenvolvido pelo inglês Francis Bacon (1561-1626), que, em sua obra *Novum Organum,* apontou os principais erros dos métodos escolásticos.

Nas obras científicas, a ligação e a continuidade são características fundamentais, graças às quais cada trabalho representa sempre um ponto de partida e, portanto, é possível que seja permanentemente revisto, corrigido e completado, até vir a ser totalmente superado.

Na área da ciência, Galileu Galilei realizou estudos de medicina, matemática, física e astronomia, tendo lecionado nas Universidades de Pisa e Pádua. Seus estudos questionavam o sistema geocêntrico e entraram em colisão com posições defendidas pela Igreja Católica, o que o levou a ter problemas com a Inquisição. As contribuições de Galileu Galilei são retomadas no Capítulo 6, dedicado à Revolução Científica no século XVII.

Na astronomia, no século XVI, destacou-se Nicolau Copérnico, autor da obra *De Revolutionibus Orbium Coelestium,* em que refuta o geocentrismo ptolomaico, formulando a teoria heliocêntrica, na qual o Sol é considerado o centro do universo. Essa teoria havia sido concebida na Grécia Antiga por pensadores como Aristarco.

A teoria heliocêntrica seria completada posteriormente pelo italiano Galileu Galilei e por Johannes Kepler, que apontou que os astros descreviam um movimento elíptico em torno do Sol e não circulares, como propunha Copérnico.

A medicina foi um dos campos que se desenvolveram. Para isso contribuiu a redescoberta das contribuições de Hipócrates e Galeno, o que foi favorecido pela publicação de seus textos originais. Hipócrates foi o principal médico da Antiguidade, e hoje é considerado patrono da medicina. Outro aspecto que contribuiu para o desenvolvimento da medicina foi o incremento do espírito de observação e de livre-interpretação, além da difusão da prática da dissecação de cadáveres, proibida pela Igreja Católica naquele tempo. Ao que parece, um dos praticantes desse método teria sido Leonardo da Vinci, um dos curiosos mais insistentes da história. Para ele, cada pergunta exigia uma dissecação, e cada dissecação era desenhada com rigorosa precisão.

Na anatomia, Gabriele Falloppio foi um médico que se destacou em Ferrara, Pisa e Pádua, tendo estudado e descrito as cordas do tímpano humano e no aparelho genital feminino as trompas de Falloppio (que levam os óvulos do ovário ao útero). Eustáquio descreveu a anatomia dos dentes e estudou o conduto que vai do ouvido médio à garganta (trompa de Eustáquio). O espanhol Miguel Servet e o inglês William Harvey realizaram estudos sobre o mecanismo da circulação sanguínea, ou seja, a circulação pulmonar pelas artérias e o retorno do sangue ao coração pelas veias. O belga André Vesálio publicou em 1543 o primeiro livro totalmente dedicado à anatomia, a obra *Sobre a Estrutura do Corpo Humano*. Estudantes de todas as partes acorriam a Pádua para assistir as aulas de Vesálio, que elevou a anatomia à condição de ciência e tornou-se o pai da moderna anatomia. Na França, Ambroise Paré escreveu trabalhos de medicina sobre como tratar ferimentos provocados por armas de fogo. Na Suíça, destacou-se Paracelso, um pioneiro no estudo do uso de vegetais na produção de medicamentos e na toxicologia a serviço da medicina, contribuindo com o uso de produtos químicos e minerais.

Um campo em que ocorreram progressos foi o da matemática. Em 1494, Luca Pacioli publicou a *Suma Aritmética*, onde expôs os conhecimentos matemáticos adquiridos até o fim do século XV. Os artistas, os pintores e os escultores necessitavam de conhecimentos de proporção, simetria e perspectiva que buscavam na geometria para melhor realizarem seus trabalhos. Uma das figuras mais relevantes nesse campo, no século XVI, foi Giordano Bruno, um teólogo, filósofo e matemático que tratou de conceitos espaciais da geometria, do pluralismo cósmico e da tese de que o Universo é infinito e não poderia ter centro. Foi preso pela Inquisição de Roma, em 1600, acusado de heresia, ou seja, de desafiar a posição oficial da Igreja Católica, tendo sido considerado culpado e condenado à morte na fogueira. Exemplo de coerência intelectual, preferiu morrer a renunciar a seus conhecimentos.

A geografia foi beneficiada com a descoberta do Novo Mundo. Houve um alargamento e um melhoramento dos conhecimentos geográficos. No século XVI, Sebastian Münster teve sua obra *Cosmografia Universal* publicada em Basileia, na Suíça. Essa obra teve 46 edições em várias línguas e trazia mapas, gravuras e estudos sobre erosão, abalos de terra, ventos tropicais e correntes marítimas. Ao trabalho de Münster, seguiram-se os atlas de Ortélius e Mercator, lançados no fim do século XVI. Gerardo Mercator foi um matemático, geógrafo e cartógrafo nascido em Flandres, nos Países Baixos, que desenvolveu a famosa projeção cilíndrica do globo terrestre, marco importante no processo de representação, a chamada projeção de Mercator.

Capítulo 2

A EXPANSÃO COMERCIAL E MARÍTIMA EUROPEIA

2.1 – Motivos gerais da expansão

Durante a Baixa Idade Média, entre os séculos XI e XV, a Europa realizou uma expansão. Os cruzados criaram reinos feudais no Oriente Médio, os cavaleiros cristãos fizeram recuar os muçulmanos na Península Ibérica, os cavaleiros teutônicos colonizaram as terras eslavas, e Gênova e Veneza estabeleceram portos comerciais no Mar Adriático, no Mar Negro e no Mediterrâneo oriental.

No final da Idade Média, entre os séculos XIV e XV, a Europa foi atingida por calamidades: guerra, peste e fome. Em busca da superação dos efeitos dessas calamidades, que haviam produzido uma retração generalizada, os europeus lançaram-se a uma nova expansão além-mar.

No alvorecer da História Moderna, nos séculos XV e XVI, os europeus do oeste iniciaram outra expansão, que os levou até as águas inexploradas nos oceanos Atlântico, Índico e Pacífico. Essa nova fase da expansão resultou de um conjunto de fatores.

Sob o ponto de vista econômico, mercadores e armadores voltaram seus olhos para o exterior. O comércio entre a Europa, a África e o Oriente vinha se processando havia séculos, mas sempre por meio de intermediários que aumentavam os custos e reduziam os lucros dos europeus. O ouro era transportado pelos nômades árabes pelo Saara desde os leitos dos rios da África ocidental. As especiarias eram embarcadas da Índia por mercadores muçulmanos e venezianos. Os homens de negócios do oeste europeu buscavam acabar com esses monopólios, indo diretamente às fontes – à África ocidental, em busca do ouro, de escravos e pimenta, e à Índia, em busca de especiarias e sedas.

Quanto aos motivos sociais da expansão, é necessário observar que, entre 1450 e 1600, a população da Europa ocidental aumentou. Foi um aumento em todos os níveis da sociedade, e entre a pequena nobreza, implicou uma fome de terra. Entre os proprietários de terras, parte dos filhos dessa aristocracia voltaram os olhos para terras para além da Europa, aspirando conquistar terras escassas em seus próprios países. Assim, a partir do século XV, os comerciantes europeus, tendo à frente os portugueses, procuraram ampliar os mercados.

O fator político que contribuiu para a expansão comercial e marítima foi a centralização de poderes que se processava com a formação do Estado Nacional monárquico. A existência de um governo forte, aliado a um grupo mercantil dinâmico, permitiu direcionar políticas, investimentos que favoreceram ao atendimento de uma complexa estrutura material: navios, homens, armas, abastecimento. A realização de um empreendimento de tal porte só seria viável com o apoio do Estado e o capital da burguesia.

Entre os motivos da expansão, houve também o fator religioso. Na Europa havia, ao final da Idade Média, um espírito de cruzada, acrescido da disposição de converter os infiéis, o que ensejou um espírito de missão, isto é, de pregação do evangelho.

A motivação técnica veio de uma progressiva aplicação de conhecimentos e instrumentos adquiridos, em muitos casos, de longa data e aperfeiçoados ao sabor das necessidades e da experiência:

- a convicção da esfericidade da Terra, recuperada dos antigos a partir do Renascimento Cultural.

- a utilização, já no mesmo século, da bússola, invento chinês introduzido na Europa por intermédio dos árabes;
- o uso do astrolábio, instrumento que determina a latitude e a longitude pelo corpos celestes;
- a gradual introdução, no século XV, da caravela, navio de pequena tonelagem, porém mais seguro, mais fácil de manobrar e mais rápido em mares abertos graças ao emprego de velas latinas.

A caravela era uma embarcação de três mastros, velas triangulares e que aproveitava toda a força do vento, dispensando os remadores, o que permitia reduzir o número de tripulantes e aumentar o raio de ação, afastando-se do litoral durante muitos dias. As embarcações foram adaptadas para uso militar com o emprego da pólvora (trazida da China em fins do século XIII) e canhões, que foram adaptados aos navios, proporcionando vantagem tática sobre os rivais.

Os navios armados garantiam aos europeus superioridade naval, tanto sobre as galeras dos árabes no oceano Índico quanto aos juncos dos chineses que não estavam armados de canhões abaixo do convés para disparar a distância e danificar ou afundar a embarcação inimiga.

2.2 – A expansão portuguesa

As origens de Portugal remontam à chamada Guerra da Reconquista, movida pelos reinos cristãos da Península Ibérica contra os muçulmanos. Foi uma luta de quase sete séculos, e, em seu transcurso, o rei de Leão, Afonso VI, doou o Condado Portucalense a D. Henrique de Borgonha em retribuição ao auxílio prestado no conflito contra os mouros. A doação estabeleceu entre eles uma relação de suserania e vassalagem, muito comum durante a Idade Média na Europa feudal.

Em 1114, faleceu D. Henrique de Borgonha, e seu filho D. Afonso Henriques de Borgonha rompeu sua relação de vassalagem, tendo em 1139 se proclamado rei de Portugal, inaugurando a Dinastia Borgonha, que reinou por mais de 200 anos.

Sob Afonso I e seus sucessores, a monarquia portuguesa libertou Lisboa e foi retomando territórios ao sul, que se encontravam em poder dos muçulmanos. A região do Algarve, a porção mais meridional do reino, foi libertada em 1249. Os monarcas da Dinastia Borgonha foram gradativamente centralizando os poderes políticos por meio da submissão de todos os seus súditos, obtendo uma coesão que delineou os alicerces do Estado Nacional português.

Em 1383, Portugal viveu a Revolução de Avis, apoiada pelos mercadores e liderada por D. João, o Mestre de Avis. Ao ser aclamado rei de Portugal, D. João I inaugurou a Dinastia Avis, cujo governo contou com o apoio do grupo mercantil. Consolidou-se a aliança entre o rei e a burguesia.

Você já deve ter ouvido dizer que a expansão portuguesa foi pioneira. Pois bem, quais foram os fatores desse pioneirismo? Entre os fatores que contribuíram para o pioneirismo português no processo das navegações europeias, destacam-se:

- a existência de uma Monarquia Nacional precocemente centralizada;
- a aliança entre o Estado monárquico português e o grupo mercantil ávido de novas riquezas e mercados;
- uma situação de paz interna diferente do que ocorria na Europa afetada pela Guerra dos Cem Anos, que envolvia franceses e ingleses, além da continuidade da Guerra de Reconquista, na Espanha;
- a posição geográfica favorável, pois Portugal dispunha de proximidade em relação à África e ao Atlântico;
- os aprimoramentos na construção naval e nas técnicas de navegação.

O marco inicial da expansão comercial e marítima portuguesa ocorreu em 1415, com a conquista de Ceuta. Sob a liderança de D. João I, os portugueses lançaram-se contra Ceuta, cidade na costa do Marrocos, dominada pelos mouros, que controlava a passagem do Mediterrâneo para o Atlântico. A presença muçulmana na região colocava em risco a navegação cristã. Aos portugueses interessava interceptar as caravanas de ouro, marfim, escravos e pimenta que passavam por Ceuta. Quando, em 1415, os portugueses conquistaram o lugar, os caravaneiros que por ali passavam alteraram suas rotas, obrigando os lusitanos a buscarem as fontes da riqueza mais ao sul, o que produziria uma série de outras expedições lançadas na exploração das costas africanas e no Atlântico.

Entre 1415 e 1460, o artífice e coordenador da expansão portuguesa foi o Infante D. Henrique, um dos filhos de D. João I. Durante muito tempo idealizou-se a sua figura, tornando-a uma personalidade quase mítica. Era ele que tomava as iniciativas, que assegurava a organização das expedições e que, da sua residência em Lagos, no Algarve, acompanhava a evolução dos empreendimentos. Com o apoio da monarquia e os recursos da Ordem de Cristo, subvencionou as despesas da expansão, de onde derivou a sua alcunha de D. Henrique, o Navegador.

Em 1419, as ilhas de Porto Santo e da Madeira foram alcançadas. Essas ilhas começaram a ser povoadas a partir de 1425, sob a liderança de João Gonçalves Zarco. A Ilha da Madeira recebeu este nome por ser coberta de grandes florestas.

Entre 1427 e 1431, Diogo de Silves alcançou e iniciou o povoamento do arquipélago dos Açores, cujo nome deriva de uma espécie de ave de rapina.

É provável que essa primeira etapa da expansão portuguesa tivesse o objetivo de explorar o litoral e, se possível, conquistar o Marrocos.

Em 1434, Gil Eanes alcançou o Cabo Bojador, ponto do litoral africano em formato de bojo ou barriga. O local era, para os marinheiros daquele tempo, um lugar assustador. Frequentemente mergulhado em brumas e atingido por grandes ondas, o local era tido como a entrada do "mar tenebroso". A tradição afirmava que quem se aventurasse para além do Bojador jamais retornaria. Tendo superado o obstáculo do Cabo Bojador, os portugueses navegaram mais para o sul e alcançaram o Rio do Ouro, iniciando a conquista da Guiné. O ouro e a prata eram os produtos mais ambicionados pela Europa, pois as especiarias e os produtos de luxo, tão desejados, eram trocados no Oriente por ouro e prata.

Em 1444, Nuno Tristão alcançou a região do Rio Senegal, que os portugueses chamavam de Guiné, o lugar era chamado Terra de Negros, nome que diferenciava a região das terras habitadas pelos Berberes, brancos.

Em 1453, ocorreu a tomada de Constantinopla pelos turcos otomanos. A capital do Império Bizantino, grande bastião cristão do Oriente, estava, a partir de então, sob o controle dos muçulmanos. Certamente o comércio do Mediterrâneo oriental foi afetado, embora não tenha sido interrompido, uma vez que outros entrepostos continuavam enviando mercadorias para a Europa. Assim sendo, é incorreto considerar que a Tomada de Constantinopla pelos turcos tenha sido a causa desencadeadora das navegações, pois, conforme mostramos, a expansão portuguesa vinha ocorrendo havia décadas. Portanto, a tomada de Constantinopla teve o efeito de impulsionar e fomentar o interesse dos portugueses em prosseguir com as explorações das costas africanas do Atlântico, buscando a partir de então encontrar ao sul do continente africano uma passagem marítima em direção ao Oriente.

Em 1460, os portugueses alcançaram as ilhas do arquipélago de Cabo Verde, que se tornaram escala para as embarcações que participavam do comércio de escravos trazidos da costa da Guiné.

Em 1475, os portugueses ultrapassaram a linha do Equador, e com a implantação de feitorias e fortalezas ao longo das costas africanas, tornaram possível impedir a ação de concorrentes europeus, assegurando ouro, escravos, pimenta, presas de elefante, almíscar, panos de algodão e outras mercadorias como exclusividade dos mercadores portugueses. O empreendimento mercantil foi se autofinanciando.

Em 1482, foi fundada a fortaleza e feitoria de São Jorge da Mina, em terras atualmente de Gana, fortificação que assegurava o domínio de Portugal no Golfo da Guiné. Este ponto, de apoio estratégico na região, permaneceu sob a soberania portuguesa até 1637.

Entre 1483 e 1485, duas expedições lideradas por Diogo Cão alcançaram a região de Angola, onde foram lançados padrões e pilares de pedra, que tinham o brasão português. Tal comportamento tornou-se um hábito a partir de então.

Foi em 1488 que Bartolomeu Dias alcançou a extremidade meridional do continente africano, local então batizado de Cabo das Tormentas. Somente mais tarde esse local passou a chamar-se Cabo da Boa Esperança, onde as águas do Atlântico encontram as águas do oceano Índico, demonstrando aos europeus ser possível a ligação marítima da Europa com a Ásia.

A viagem à Índia pela rota do Cabo foi realizada sob comando de Vasco da Gama. Era uma armada de quatro navios, e o comandante levava uma carta ao Samorim, soberano de Calicute, com o qual o rei D. Manuel I desejava estabelecer relações políticas e comerciais.

A viagem de Vasco da Gama, em 1498, representou momento culminante da expansão portuguesa. Ao retornar para Portugal com um carregamento de açúcar e especiarias, a expedição demonstrava que as possibilidades de comércio pela rota descoberta, via África do Sul, proporcionariam lucros muito superiores à rota do Mediterrâneo oriental. O sucesso da expedição de Vasco da Gama abria a perspectiva para Portugal de substituir Veneza como centro distribuidor dos produtos orientais. Assim, o conjunto de feitorias, ao longo do litoral da África, as ilhas do Atlântico e a rota do Atlântico Sul, compunham um Império Português que era necessário garantir, o que foi concretizado após longas negociações com o Tratado de Tordesilhas, em 1494, celebrado com a Espanha.

Os planos da coroa portuguesa de consolidar o Império Lusitano nas Índias exigiam o controle das rotas asiáticas que desembocavam no Mediterrâneo oriental e a eliminação dos comerciantes muçulmanos que o exerciam.

Em 1500, sob o reinado de D. Manuel, foi organizada uma esquadra liderada pelo fidalgo Pedro Álvares Cabral. A frota compunha-se de 13 navios armados para qualquer confronto militar. Imbuída de ordem de explorar a região do Atlântico Sul, a esquadra descobriu e tomou posse das terras do Brasil, em 22 de abril de 1500, território que os portugueses já conheciam, o que é sugerido pelo embate com a Espanha por ocasião da partilha efetuada pelo Tratado de Tordesilhas seis anos antes da chegada de Cabral ao litoral da Bahia. O termo descobrimento é obviamente inadequado e carregado de uma visão eurocêntrica, pois o território já era habitado por uma população numerosa. De acordo com essa visão, o descobrimento tinha o sentido de conquista.

Os portugueses continuaram enviando expedições ao Oriente. Entre 1510 e 1515, Afonso de Albuquerque comandou um conjunto de ações que estabeleceram o controle português em Goa, na Índia; dominou Málaca (hoje Singapura), assumindo o domínio do fluxo comercial com a China; e ocupou Ormuz, na entrada do Golfo Pérsico, e Ádem, na entrada do Mar Vermelho.

A expansão comercial e marítima lusitana não demorou a alcançar a China e o Japão. A conquista ocorria em vários níveis, incluindo a dominação religiosa. A ligação entre o Reino de Portugal e a Igreja Católica era estreita. Assim, os povos convertidos ao cristianismo eram, ao mesmo tempo, submetidos à lei de Portugal.

Figura 2.1 – Mapa da expansão marítima portuguesa

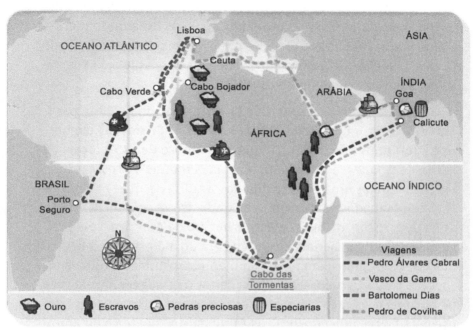

Fonte: Adaptado de: https://paraestudarhistoria.blogspot.com/

2.3 – A expansão espanhola

Você já sabe que a expansão espanhola foi atrasada em relação à expansão portuguesa. Qual o motivo desse atraso? A luta para expulsar os muçulmanos da Península Ibérica, a chamada Guerra da Reconquista, iniciada em 711, triunfou em 1492, com a libertação de Granada pelos reis católicos Fernando de Aragão e Isabel de Castela. Foi depois disso que a Espanha pôde se envolver na expansão comercial e marítima, com várias décadas de atraso em comparação com Portugal.

O genovês Cristóvão Colombo, sob a influência do cartógrafo florentino Toscanelli, defendia a teoria da esfericidade da Terra e apresentou um projeto de atingir a Índia pelo Ocidente, em busca das especiarias do Oriente, ao rei D. João II de Portugal, que lhe negou apoio. Colombo buscou, então, apoio da Espanha, onde, depois de muita insistência, obteve o patrocínio dos reis católicos e de ricos armadores ao seu projeto de chegar ao Levante pelo Poente, isto é, navegando em direção ao Ocidente.

Em 1492, a nau Santa Maria e as caravelas Nina e Pinta partiram de Palos rumo ao oeste, sob o comando de Cristóvão Colombo. Após dois meses de viagem, em 12 de outubro de 1492, alcançou a Ilha de Guanaani (São Salvador), nas Bahamas. Prosseguindo viagem, atingiu uma grande ilha das Antilhas, a qual batizou de Hispaniola (pequena Espanha), de onde prosseguiu até a ilha de Cuba. A tradição atribuiu o descobrimento da América a essa viagem de Cristóvão Colombo, que, entretanto, não se apercebeu de que havia chegado a um novo continente. Colombo acreditava ter chegado à Índia, e até 1504 realizou outras três viagens na tentativa de encontrar os mercados indianos. Nessas outras viagens, empreendeu o reconhecimento das Antilhas, do Panamá e do litoral setentrional da América do Sul. Colombo morreu em 1506, em Valladolid, na Espanha, acreditando ter chegado às Índias.

As terras encontradas por Colombo produziram uma disputa entre portugueses e espanhóis. Depois de muitas negociações, os dois países firmaram o Tratado de Tordesilhas, que estabelecia: seriam contadas 370 léguas a oeste do arquipélago de Cabo Verde, onde seria traçada uma linha imaginária demarcatória, no sentido dos meridianos entre os dois polos, com as terras a oeste dessa linha pertencendo à Espanha, e as terras situadas a leste, a Portugal.

Figura 2.2 – Documento que contém a ratificação do Tratado de Tordesilhas – junho de 1494

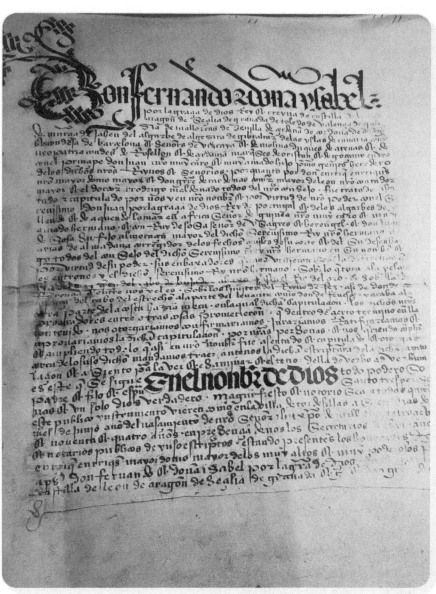

Fonte: Museo del Tratado – cidade de Tordesilhas, província de Castilla-León –, Espanha.

Por volta de 1504, um navegador e cartógrafo de Florença, Américo Vespúcio, passou a sustentar a tese de que as terras encontradas por Colombo não eram as Índias, mas um novo continente, entre a Europa e a Ásia. Em homenagem a Vespúcio o continente recebeu o nome de América.

Os espanhóis promoveram outras expedições. Em 1499, Alonso de Ojeda alcançou a Venezuela. Em 1500, Vicente Yañez Pinzón atingiu a foz do Rio Amazonas, ao qual chamou de Mar Dulce (Mar Doce). Em 1513, Vasco Nuñez Balboa atravessou por terra a América Central e avistou o Oceano Pacífico. Em 1516, Diaz Solis atingiu o Rio da Prata.

Em 1519, ocorreu uma das expedições mais importantes da expansão espanhola. Fernão de Magalhães, um português a serviço da Espanha, empreendeu a primeira viagem de circum-navegação em torno do mundo, liderando uma esquadra com 5 navios e 237 homens. Magalhães explorou o litoral da América do Sul e encontrou um estreito, que hoje leva o seu nome, que permitiu o acesso ao oceano Pacífico. Navegando em direção ao oeste, atingiu as Filipinas, em 1521, onde morreu em combate com os nativos. Um grupo de sobreviventes, comandados por Sebastian del Caño, completou a viagem, regressando à Espanha, em 1522, com somente 1 navio e 18 homens.

As expedições enviadas pelos espanhóis ao Novo Mundo (continente americano) não encontraram especiarias, porém revelaram terra abundante e dotada de grande quantidade de metais preciosos.

2.4 – A expansão de outros países europeus

A França teve sua expansão comercial e marítima retardada por uma série de problemas que a afetaram no século XV. A Guerra dos Cem Anos durou até 1453 e foi seguida por lutas entre o rei Luís XI e os senhores feudais.

No século XVI, sob o reinado de Francisco I, o monarca francês passou a questionar o Tratado de Tordesilhas, alegando que desconhecia a "cláusula do testamento de Adão", que atribuía as terras do Novo Mundo para Portugal e Espanha, excluindo a França.

Durante o reinado de Francisco I, houve o financiamento de algumas expedições ao Canadá, como a de Jacques Cartier, que, em 1535, encontrou a rota do Rio São Lourenço, que ele supunha conduzir ao Japão. Verrazano, um florentino a serviço da França, percorreu as costas da América do Norte.

A Inglaterra, envolvida na Guerra dos Cem Anos e depois na Guerra das Duas Rosas, atrasou sua expansão marítima, que só ocorreu a partir do século XVI.

No reinado de Henrique VIII, os ingleses buscaram uma passagem para a Ásia pelo extremo norte da América. Expedições lideradas por Giovanni Caboto, um italiano, realizaram o reconhecimento das costas do Labrador e da Terra Nova.

Sob o reinado de Elizabeth I, as navegações inglesas promoveram ações de pirataria contra embarcações da Espanha, que transportavam metais da América para a Europa. Eram corsários, que possuíam a chamada carta de corso, um documento firmado pelo poder real permitindo pilhagens contra navios de nação inimiga. O principal corsário da época, Francis Drake, chegou a ser condecorado pela rainha.

Durante o século XVI, os ingleses envolveram-se no negócio do tráfico de escravos negros para a América.

A Holanda viveu considerável desenvolvimento comercial durante a Baixa Idade Média. Floresceram algumas cidades em que atuava uma burguesia que desenvolvia uma atividade mercantil intensa. Na época, a região dos Países Baixos pertencia ao Império Espanhol, dispondo de autonomia no tempo do governo de Carlos V.

No século XVI, quando os negócios portugueses na Ásia entraram em declínio, os holandeses substituíram os lusitanos em alguns pontos do continente asiático, como Java, Ceilão, Malaca, Molucas, Nova Guiné, Sonda e Timor, tendo passado a financiar a implantação da empresa açucareira na Bahia e no Nordeste do Brasil. O açúcar produzido nessas áreas era transportado em navios holandeses e refinado na Holanda, sendo então distribuído por toda a Europa, pois os holandeses dispunham de uma poderosa frota naval.

A ascensão de Felipe II ao trono da Espanha modificou as relações com os Países Baixos, devido ao incremento de novos impostos e à supressão da autonomia administrativa. Ao quadro descrito, deve-se acrescentar a introdução da Inquisição, no contexto da Contrarreforma Católica, o que contrariava os interesses da burguesia calvinista holandesa. Tais divergências levaram a um longo conflito contra a Espanha, que culminou na independência formalmente reconhecida, em 1648, no Tratado de Vestfália.

A partir do século XVI, os holandeses se envolveram no tráfico de escravos africanos para a América, chegando a conquistar, em 1637, a fortaleza de São Jorge da Mina, então dominada pelos portugueses, em território atualmente de Gana, entreposto onde os cativos eram mantidos enquanto aguardavam o seu transporte para a América.

2.5 – As consequências da expansão comercial e marítima europeia

Ao examinar a expansão comercial e marítima europeia, você talvez se pergunte: quais os efeitos desse processo para a história da humanidade? Foram várias as consequências da expansão comercial e marítima dos europeus, como iremos enumerar na sequência.

As primeiras consequências foram a criação dos impérios coloniais português e espanhol. O primeiro era constituído por uma série de feitorias instaladas dos Açores até a Índia, com portos fortificados que dominavam os territórios próximos e serviam de escala para navios mercantes e de bases de apoio para uma frota militar que, pela força, mantinha o respeito de todos os concorrentes – europeus ou asiáticos – do monopólio comercial português. O Império Colonial Espanhol resultou da ação de um punhado de conquistadores que atuaram na exploração do Novo Mundo, saqueando os tesouros astecas e incas e explorando minas de ouro e de prata.

A economia europeia, limitada em fins do século XV ao Velho Continente, ampliou-se a dimensões mundiais. O porto de Lisboa, na fachada atlântica da Europa, ganhou protagonismo, ao mesmo tempo que a importância das cidades mediterrânicas, como Gênova e Veneza, gradativamente declinava. O eixo econômico europeu foi deslocado do Mediterrâneo para o Atlântico, e o comércio passou a ter proporções de empreendimento mundial.

A exploração do Novo Mundo teve outra consequência, que foi a chegada à Europa dos metais preciosos da América. O aumento da disponibilidade de metais preciosos, especialmente a partir de meados do século XVI, produziu uma alta geral dos preços e o crescimento da economia mercantil, favorecendo a burguesia das grandes cidades mercantis, ou seja, negociantes, manufatureiros, armadores de frotas e banqueiros. Em contrapartida, camponeses e assalariados das cidades sofreram um empobrecimento como efeito da subida dos preços agrícolas e das manufaturas.

Outro resultado foi a diversificação dos artigos de consumo. Acrescentaram-se às especiarias e aos tecidos do Oriente a batata, o tabaco e o milho, originários da América do Norte; o melaço e o rum das Antilhas; o açúcar, o cacau e o chocolate da América do Sul; o marfim e os escravos da África. O açúcar, o arroz e o algodão deixaram de ser artigos de luxo, sendo importados em quantidades que os transformaram em acessíveis a parcela cada vez maior da população.

Capítulo 3

A REFORMA RELIGIOSA PROTESTANTE E A CONTRARREFORMA CATÓLICA

3.1 – As principais causas da Reforma

Você já deve ter escutado que a Reforma Religiosa Protestante ocorreu devido à crise moral que atingia a Igreja Católica e a corrupção e os abusos que eram praticados pelo clero.

Os problemas mencionados ocorriam, porém não foram as únicas causas responsáveis pela Reforma, mesmo porque tais questões já se manifestavam desde a Idade Média e não tinham sido suficientes para o desencadeamento de um movimento das proporções do que iremos estudar na sequência.

O nosso objetivo será identificar as causas da Reforma Religiosa e discutir em detalhes cada uma delas.

A chamada Reforma Protestante não foi a primeira ruptura ocorrida na cristandade. No século XI, mais exatamente em 1054, ocorreu o Cisma do Oriente, quando houve a divisão da cristandade em duas Igrejas separadas: Católica Romana e Católica Ortodoxa. Assim, as divergências no interior da cristandade ocorriam muito tempo antes do século XVI.

Ao examinarmos quais foram as causas que contribuíram para a ocorrência da Reforma Protestante, podemos enumerar:

- a expansão comercial, derivada do Renascimento, originou novos valores políticos, econômicos, religiosos e morais que se chocavam com a moral religiosa do mundo medieval;
- a partir da Idade Média, ocorriam manifestações divergentes, as heresias, que escapavam ao sistema de poder da Igreja Católica, demonstrando rebeldia frente aos dogmas impostos;
- a partir do século XIV, alguns teólogos humanistas denunciavam a degradação moral com que o clero conduzia os assuntos sagrados;
- o poder universal dos papas e da Igreja Católica entrou em choque com o poder nacional dos reis, na medida em que se estabelecia o Estado Nacional.

Como você verificou, a Reforma Religiosa Protestante resultou de um conjunto de causas. Identificadas as causas, na sequência vamos examinar detalhadamente cada uma delas.

O desenvolvimento da burguesia, de relações de produção capitalistas e do Estado Nacional absolutista eram mudanças que representavam novas forças, que atuavam em sentido diverso da sociedade feudal que tinha na Igreja Católica seu principal alicerce ideológico e moral.

Com essas mudanças, os comerciantes percebiam que havia um obstáculo para o desenvolvimento de suas atividades: o sistema feudal. A Igreja Católica defendia as práticas feudais, pois era ela mesma beneficiária do feudalismo e condenava práticas de usura e agiotagem presentes nas atividades da burguesia.

Outra ameaça ao ideal medieval de uma comunidade cristã universal eram indivíduos que questionavam a autoridade de toda a hierarquia da Igreja, como John Wycliffe e John Huss, elementos que atuaram como precursores da Reforma Protestante.

O inglês John Wycliffe era formado em Teologia pela Universidade de Oxford. Defendia que a Igreja e o clero se comprometessem com a renúncia aos bens materiais. Denunciou os eclesiásticos por pregarem a pobreza e acumularem a riqueza; afirmava, ainda, que muitos padres corrompiam esposas, donzelas, viúvas e freiras. Também apontava que os membros do clero bajulavam os ricos e perdoavam os seus pecados, mas desprezavam os pobres. Foi um crítico severo da vida mundana do clero e da decadência moral. Acusado de heresia, morreu antes da conclusão das investigações.

Isso posto, um dos principais precursores da Reforma, John Huss, nasceu na Boêmia, então parte do Sacro Império Romano-Germânico. Em Praga, tornou-se um famoso pregador, além de lecionar na universidade local, onde divulgava as ideias de Wycliffe. Condenava a veneração de imagens, a cobrança de quantias pelos padres para rezarem missas, batismo, crisma, casamentos ou enterros. Considerava que a Igreja não poderia possuir bens terrenos. Ao seu redor formou-se um movimento popular e nacionalista que desafiava os alemães, defendendo os eslavos. Considerado herético pelo Concílio de Constança, foi condenado à morte na fogueira em 1415.

Certamente, o principal precursor da Reforma Protestante foi Desidério Erasmo, conhecido como Erasmo de Rotterdam, que viveu entre 1469 e 1530. Humanista, utilizou-se de toda a sua erudição para atacar os abusos clericais. Em sua obra *Elogio da Loucura* sustentou que a verdadeira religião não depende do dogma, do ritual ou do poder clerical. Ao contrário, ela é revelada de modo simples e claro na *Bíblia* e, portanto, é acessível a todas as pessoas, desde os sábios e poderosos até os pobres e humildes. Partidário da tolerância religiosa, Erasmo não chegou a romper com a Igreja Católica, mas preparou o caminho para os reformadores.

A Reforma Religiosa também resultou do fortalecimento do Estado Nacional absolutista, cuja afirmação entrava em conflito com a Igreja, verdadeiro Estado dirigido pelo Papa. O poder nacional dos reis entrou em atrito com o poder universal do Papa, que se intrometia em assuntos internos dos diferentes reinos.

3.2 – Lutero e a Reforma na Alemanha

A Alemanha no século XVI não era um Estado Nacional centralizado, como a França ou a Inglaterra. O Estado alemão unificado só surgiria em 1870. O que existia na região era um mosaico de condados, ducados, marquesados, principados e reinos com fragmentação política e administração independente. Era o Sacro Império Romano-Germânico ou *I Reich* alemão, cujo imperador encontrava grande dificuldade para conduzir toda essa diversidade de povos e de idiomas.

Conforme anteriormente citado, a divisão política interna era aproveitada por bispos e pelo papa. A Igreja Católica, grande proprietária de terras, cobrava pesados tributos para alimentar o alto clero.

Rica, poderosa e intervencionista, a Igreja Católica tornou-se alvo do descontentamento da nobreza que cobiçava suas terras e dos camponeses submetidos ao pagamento de dízimos e à servidão.

Você conheceu as causas e os antecedentes da Reforma Religiosa Protestante. Ela foi iniciada por Martinho Lutero, um monge agostiniano e doutor em Teologia. Inspirado em São Paulo, Santo Agostinho e Erasmo de Rotterdam, Lutero amadureceu a ideia de que a fé em Deus assegura a graça divina e, assim, a salvação do homem.

Em 1517, Lutero afixou na porta da Catedral de Wittenberg, cidade em que vivia, 95 teses que condenavam os abusos do clero. Entre as críticas que as teses apresentavam, destacava-se a venda de indulgências.

A Igreja Católica ensinava que certas pessoas vão diretamente para o céu ou para o inferno, enquanto outras têm a sua entrada no céu retardada por um período passado no purgatório; esse período de espera é necessário para os que haviam pecado muito nesta vida. As pessoas se preocupavam com o tempo que teriam de esperar no purgatório. As indulgências reduziam esse tempo e eram concedidas pela Igreja aos que oravam e por obras piedosas, como doações de dinheiro à Igreja. A polêmica da venda das indulgências surgiu com acusações de que a Igreja estava vendendo a entrada para o céu.

A questão da venda das indulgências gerou intenso debate entre Lutero e Tetzel, bispo enviado pelo papa para coordenar a venda das indulgências na região da Alemanha.

As ideias de Lutero, expostas nas 95 Teses de Wittenberg, se espalharam e, em 1520, o papa Leão X o excomungou. A excomunhão era a expulsão da Igreja e a condenação ao inferno.

Acusado de heresia, Lutero poderia ser preso pelo imperador Carlos V, do Sacro Império Romano-Germânico. Como a nobreza alemã revelou simpatia pelas ideias de Lutero, o imperador convocou a Dieta de Worms, assembleia dos príncipes do Sacro Império, para julgar Lutero.

Entre os nobres alemães, havia simpatia pela crítica da riqueza material da Igreja Católica e apoio à tese da secularização dos bens eclesiásticos. Assim, Lutero não foi condenado pela Dieta e recebeu proteção na Corte de Frederico, o príncipe da Saxônia.

A Reforma Religiosa possibilitava aos nobres a oportunidade de confiscar as terras da Igreja, abolir o pagamento de tributos e obter o apoio de seus súditos. O movimento permitia ainda desafiar a autoridade de Carlos V, reafirmando a fragmentação política.

Uma agitação social e religiosa atingiu o campesinato, inspirando uma revolta liderada por Thomas Münzer. Os camponeses protestavam contra os dízimos cobrados pela Igreja e pelos nobres feudais, e reivindicavam o direito de escolherem seus pastores. Trata-se do Movimento Anabatista, o qual defendia que os fiéis só fossem batizados quando adultos. A repressão foi brutal. Münzer morreu decapitado, e os camponeses foram massacrados.

O próprio Lutero, que necessitava do apoio da nobreza, recomendou a repressão ao movimento de Münzer, sugerindo: "É preciso despedaçá-los, degolá-los, apunhalá-los, como se tem de matar um cachorro louco!".

Em 1526 e 1529, ocorreram duas Dietas, em Spira, nas quais o imperador Carlos V tentou impor o catolicismo aos príncipes, que se rebelaram, passando a ser chamados de protestantes.

Como o Sacro Império Romano-Germânico enfrentava problemas externos com a França e o Império Turco-Otomano, Carlos V não teve como impedir o fortalecimento do movimento luterano.

Em 1530, na Dieta de Worms, Melanchton, um monge colaborador de Lutero, apresentou os fundamentos do luteranismo na Confissão de Augsburgo. Observe o que a doutrina luterana propunha:

- a obtenção da salvação pela fé, e não pelas obras;
- a livre-interpretação da *Bíblia*;
- a supressão do celibato clerical, do clero regular e das imagens de santos;
- a manutenção de apenas dois sacramentos, o batismo e a eucaristia;
- a simplificação do culto religioso e a substituição do latim pelo alemão, idioma nacional;
- a negação da transubstanciação (transformação do pão e vinho em corpo e sangue de Cristo) e a aceitação da consubstanciação (presença espiritual de Cristo na eucaristia);
- a subordinação da Igreja Luterana ao Estado.

Após a Confissão de Augsburgo, os príncipes protestantes organizaram a Liga de Esmalcalda contra o imperador e seus partidários católicos.

Entre 1530 e 1555, o Sacro Império Romano-Germânico foi palco de um conflito entre católicos e protestantes. A guerra terminou em 1555, sem vitória para qualquer dos lados. Ao final do conflito, foi assinada a Paz de Augsburgo, que determinava que o povo de cada um dos principados do Sacro Império deveria seguir a religião do príncipe local. De maneira geral, a Alemanha do Norte tornou-se em grande parte protestante, enquanto o Sul permaneceu católico. A descentralização política e religiosa do Sacro Império Romano-Germânico impediu a unidade alemã até a segunda metade do século XIX.

3.3 – Calvino e a Reforma na Suíça

O principal responsável pelo movimento reformista na Suíça foi João Calvino, porém, antes dele, por volta de 1520, um padre de formação humanista, Ulrico Zuínglio, promoveu ações com críticas contra a Igreja Católica.

Para Zuínglio, que atuava como padre na cidade de Zurique, a fé tinha importância maior do que as obras e as boas ações como meio para obter a salvação. Zuínglio condenava o pagamento de tributos à Igreja Católica, a menos que fossem feitos voluntariamente, propondo o estabelecimento de uma igreja democrática que seria dirigida por pastores eleitos pelo voto dos fiéis. Suas ideias se espalharam pelo norte da Suíça, mas encontraram forte resistência em regiões católicas. As disputas geraram um conflito em que Zuínglio morreu, em 1531.

A propagação de ideias reformistas encontrou apoio em Genebra, cidade onde o comércio ocupava uma importância que concedeu papel de destaque para a burguesia.

Foi a partir de Genebra que João Calvino liderou um movimento reformista. Nascido em Noyon, na França, Calvino era formado em Direito e revelou interesse por Teologia, tendo entrado em contato com as ideias de Lutero e Zuínglio.

Ao propagar ideias reformistas na França, Calvino foi alvo de perseguição e se transferiu para Genebra, onde se estabeleceu.

Em 1536, contando com o apoio da burguesia, Calvino publicou o livro *Instituição da Religião Cristã*, obra em que expunha sua doutrina.

Inspirado em Santo Agostinho, Calvino explicou a salvação em termos de predestinação. Argumentava que, embora o homem estivesse predestinado à salvação ou à danação, a escolha de uns e a rejeição de outros era um sinal do mistério de Deus.

Em alguns aspectos, o calvinismo se aproximou do luteranismo, como na ruptura com o papa, na negação do culto aos santos e da Virgem, na extinção do celibato clerical e na livre-interpretação da *Bíblia*. Admitia apenas dois sacramentos: o batismo e a eucaristia. O culto da Igreja Calvinista se baseia em comentários sobre a *Bíblia*, sendo simples, sem a pompa e sem a grandiosidade dos templos católicos.

Um dos aspectos peculiares do calvinismo foi a adoção do que se considera um protestantismo militante, ou seja, a conduta empenhada dos fiéis que fizeram de Genebra o grande centro protestante da Europa. Para Calvino, a verdadeira lei de um Estado cristão deve ser a *Bíblia*.

Para disciplinar a população, foram estabelecidas as Ordenações Eclesiásticas, em 1542. Era um conjunto de regras que deveriam orientar a vida religiosa em Genebra. Foi criado o Consistório, órgão composto por 3 pastores e 12 respeitados burgueses, que orientava como deveria se comportar cada cidadão. Os costumes eram vigiados, o comparecimento aos cultos e a comunhão eram obrigatórios, as vestimentas deveriam ser sóbrias e discretas, as bebidas alcoólicas e os bailes foram proibidos, tavernas e teatros foram fechados. O Consistório impunha uma moral puritana aos cidadãos de Genebra.

Na doutrina calvinista, reformar é transformar as relações entre os homens, assumi-los e moralizá-los de baixo de um ideal cristão, pleno de desconfiança com respeito à natureza humana decaída pelo pecado.

Um caso que constata o rigor radical e a disciplina imposta por Calvino, em Genebra, envolveu Miguel Servet, espanhol que se formara em Medicina em Paris e que estudou a circulação do sangue nos pulmões. Interessado em Teologia, Servet se aproximou do protestantismo e manteve correspondência por cartas com Calvino. As ideias defendidas por Servet condenavam a Trindade e o batismo de crianças e questionavam a predestinação. Ao passar por Genebra, em viagem, foi preso e acusado de heresia, sendo levado a julgamento. Calvino atuou no julgamento como acusador. Servet foi condenado e queimado vivo, em 1553.

Na doutrina calvinista, o Estado, como a Igreja, deve obedecer a vontade de Deus.

Após a morte de Calvino, seus seguidores foram reelaborando a interpretação da predestinação, um dos aspectos peculiares do calvinismo. Assim, o capital, o crédito, os bancos, o grande comércio, o sucesso material e o trabalho diligente foram sendo identificados como sinais de Deus, indícios da salvação.

Dessa maneira, o calvinismo justificou a moral burguesa. O lucro, a acumulação de capitais e a usura eram atividades lícitas, ao contrário do que a Igreja Católica considerava. Assim, a ética calvinista justificou as atividades praticadas pela burguesia capitalista.

3.4 – A Reforma na Inglaterra

A liderança da Reforma Religiosa na Inglaterra não coube aos reformadores, teólogos, mas ao próprio rei Henrique VIII.

Existiam um anticlericalismo e um ressentimento contra o papado bem arraigados entre os ingleses. Tais sentimentos remontavam ao século XIV e a críticas de elementos como Wycliffe, que denunciavam a riqueza e a influência da Igreja Católica em território inglês.

O rei Henrique VIII era culto e possuía conhecimentos teológicos. Chegou a escrever um trabalho criticando Lutero, *Defesa dos Sete Sacramentos contra Martinho Lutero*. Em busca de reconhecimento do papa Leão X, pediu-lhe um título honorífico e recebeu a designação de *Defensor Fidei* – Defensor da Fé.

A mudança no posicionamento de Henrique VIII em sua relação com a Igreja Católica foi provocada pela complicada questão matrimonial envolvendo o rei e sua esposa Catarina de Aragão. A rainha era filha dos reis católicos da Espanha, Fernando de Aragão e Isabel de Castela, sendo, portanto, uma princesa espanhola e tia de Carlos V, imperador do Sacro Império Romano-Germânico.

A rainha Catarina tinha tido apenas uma filha, pois todos os filhos homens haviam morrido ainda criança. Henrique VIII desejava um herdeiro homem, para dar continuidade a sua dinastia, e alegava que Catarina havia se tornado estéril.

O Rei Henrique VIII solicitou de Roma uma autorização do papa Clemente VII para separar-se de Catarina e casar-se com Ana Bolena, uma dama da Corte. A autorização foi negada, pois o papa temia desagradar o imperador Carlos V, do Sacro Império, sobrinho de Catarina.

Desconsiderando a decisão do Papa, Henrique VIII divorciou-se de Catarina e casou-se com Ana Bolena. Os laços com a Igreja Católica Romana foram rompidos e, em 1534, foi decretado o Ato de Supremacia.

Com o Ato de Supremacia, foi criada a Igreja Anglicana. Essa nova igreja nacional dava ao rei todos os poderes religiosos que até então cabiam à Igreja Católica. Todos os tributos que eram destinados a Roma foram extintos, e todos os bens da Igreja Católica, confiscados. Todos os eclesiásticos deveriam prestar juramento e aceitar a supremacia civil e eclesiástica do rei.

Independentemente do quanto o Ato de Supremacia ampliou e centralizou os poderes do rei da Inglaterra, é necessário considerar que a Igreja Católica possuía cerca de quinta parte de todas as propriedades na Inglaterra. Assim, o confisco dos bens eclesiásticos concedia vantagem material considerável para a monarquia inglesa.

A REFORMA RELIGIOSA PROTESTANTE E A CONTRARREFORMA CATÓLICA

Sob o reinado de Henrique VIII, não houve a elaboração de uma doutrina anglicana, tendo persistido um ritual católico.

Durante o reinado de Elizabeth I, filha de Henrique VIII e Ana Bolena, a Igreja Anglicana estruturou sua doutrina. Em 1563 foi estabelecido o Ato dos 39 Artigos. Há uma forte inspiração calvinista, embora o culto conserve aparências católicas. Para o anglicanismo, a Sagrada Escritura é a única base da fé – o purgatório, as relíquias, as indulgências e o culto de imagens são condenados, bem como o uso do latim nas cerimônias religiosas. Os sacerdotes e os bispos podem se casar.

Figura 3.1 – Mapa da Reforma Protestante

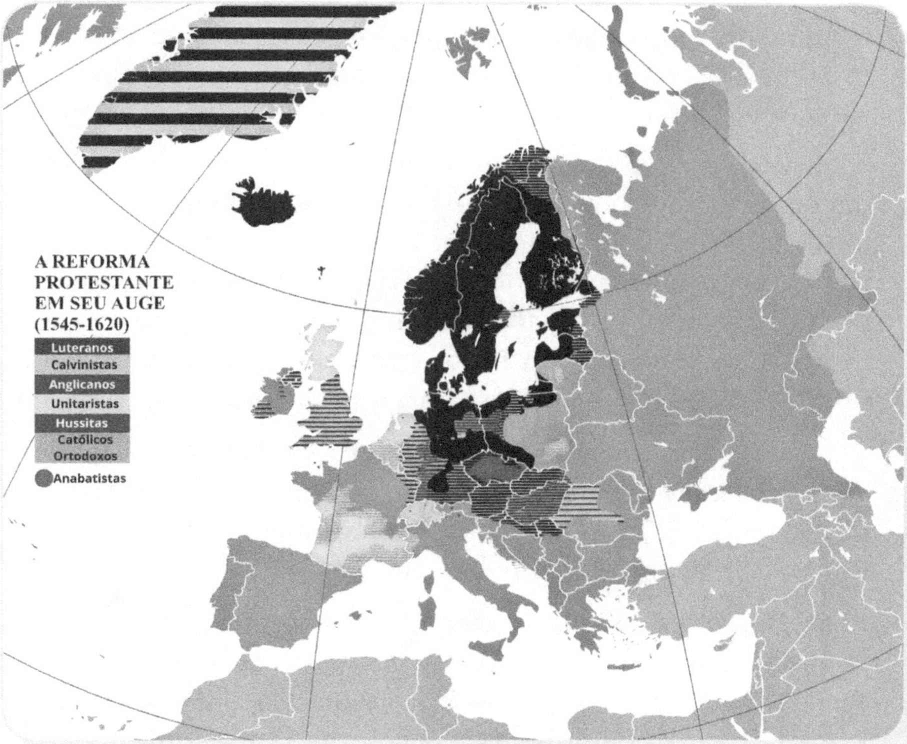

Fonte: Adaptado de: https://commons.wikimedia.org/wiki/File:The_rotestant_Reformation.svg

3.5 – A propagação do protestantismo

Na Escócia, a Reforma Religiosa foi liderada por John Knox, um sacerdote, teólogo escocês formado pela Universidade de Saint Andrews. Inspirado pela leitura de Santo Agostinho, converteu-se ao protestantismo. Em razão de perseguições religiosas, por volta de 1555 estabeleceu-se em Genebra, onde se tornou amigo de Calvino. Em 1560, estabelecido em Edimburgo, Knox tornou pública sua Confissão de Fé Escocesa. Inspirada pelo calvinismo, foi elaborada por Knox e seus auxiliares.

A chamada Igreja Presbiteriana rompeu com o papa, rejeitou a crença no purgatório, confiscou propriedades eclesiásticas e implantou um sistema representativo eclesiástico de anciãos (presbíteros), nos moldes do de Genebra, porém democrático ao garantir ao povo a escolha de seus ministros.

Na França, o protestantismo teve em Jacques Lefèvre d'Étaples um precursor. Nas primeiras décadas do século XVI, estudiosos da *Bíblia*, teólogos, indivíduos descontentes com a degradação da Igreja Católica foram impactados pelas notícias referentes às ideias de Lutero. O luteranismo atraiu a atenção de muitos franceses, e Estrasburgo, por estar próxima do território alemão, em virtude disso, recebeu pessoas interessadas nas novas ideias.

Ao se iniciarem as primeiras perseguições do governo francês aos protestantes, muitos se refugiaram em Genebra, onde Calvino, um reformador francês, liderava um movimento religioso com ideias distintas em relação ao luteranismo.

Na França, alguns nobres, como na Alemanha, desejavam terras da Igreja Católica. Entre os refugiados franceses que buscavam abrigo em Genebra, havia pequenos comerciantes, homens de negócio, intelectuais, escultores, músicos e alguns nobres tocados pelo calvinismo.

A partir de 1550, a maioria dos simpatizantes da Reforma Protestante em território francês eram calvinistas. Vários enviados de Calvino propagavam o calvinismo em cidades como Caen, Poitiers, La Rochelle e, inclusive, Paris.

Os protestantes calvinistas franceses eram chamados huguenotes. A origem do nome é controversa. Uma hipótese é que derivaria de *eidguenot*, palavra francesa que significa confederado, com origem na palavra *eidgenossem*, do suíço-alemão, termo pelo qual eram conhecidos os protestantes em cantões da Suíça que apoiavam a Reforma. Uma segunda hipótese é que o termo derivaria de Hugues Besançon, líder político suíço, influente em Genebra, partidário da Reforma Calvinista.

Por volta de 1560, cerca de quarta parte da população francesa era de calvinistas huguenotes. Os conflitos religiosos se arrastaram pelas décadas seguintes.

Nos Países Baixos, a propagação do protestantismo manteve forte relação com o conflito político que a região promovia contra a Espanha. A nobreza das chamadas 17 províncias percebeu a possibilidade de usar o protestantismo como um elemento a mais na luta contra os católicos espanhóis.

A partir de 1543, cresceu a influência do calvinismo nos Países Baixos. O responsável maior por tal processo foi Guy de Brès. Pregador religioso, foi o autor da *Confissão de Fé Belga*, publicada em 1561, em valão e flamengo, sendo considerado o fundador da Igreja Calvinista dos Países Baixos.

Na Escandinávia, como em vários países, os nobres não viam a hora de assenhorearem-se das propriedades da Igreja Católica Romana. Na região, o nacionalismo entrava em conflito com o universalismo católico.

Na Suécia, o rei Gustavo Vasa estimulou a tradução da *Bíblia* para o sueco, e, sob a condução de Olaus Petri, promoveu a propagação do luteranismo, o que produziu a reação do papa Clemente VII. Em 1527, com a Dieta de Vesteris, esse rei se declarou a favor da Reforma. Na Suécia, a Reforma significou a nacionalização da religião e o triunfo do Estado sobre a Igreja.

Na Dinamarca, metade das terras pertencia à Igreja Católica e era trabalhada por camponeses que viviam na servidão. A Igreja Católica cobrava tributos sobre praticamente tudo: construções, nascimentos, heranças. Por volta de 1530, o luteranismo já apresentava simpatizantes em Copenhagen e Veiborg. Sob a autoridade do Rei Cristiano VIII, em 1536, a Assembleia Nacional estabeleceu a Igreja Luterana do Estado. O rei tornou-se o chefe supremo dessa, e todas as propriedades monásticas e eclesiásticas foram confiscadas por ele.

3.6 – A Contrarreforma Católica

Antes até do sucesso dos reformistas protestantes, saiba, já haviam surgido ações dentro da Igreja Católica que exigiam uma moralização no comportamento do clero e uma Reforma Católica que atuasse contra a degradação da própria cúpula da Igreja.

Na Espanha, o Cardeal Francisco Jiménez de Cisneros, formado pela Universidade de Salamanca, responsável pela implantação da Universidade de Alcalá de Henares, conduziu um movimento que buscou dialogar com o Humanismo cristão. Sua ação disciplinou e moralizou o clero.

O humanismo cristão encontrou em Erasmo de Rotterdam seu principal representante. Erasmo defendia a ideia de uma autorreforma promovida pela própria Igreja Católica. Sua obra *O Elogio da Loucura* produziu imenso impacto no século XVI.

Na Inglaterra, Thomas More, intelectual e político, autor da obra *Utopia*, divulgou o pensamento erasmiano, propondo uma reforma religiosa interna, conduzida pela própria Igreja Católica.

De acordo com a percepção da necessidade de uma mudança de postura do próprio clero católico, em 1534, Inácio de Loyola fundou a Companhia de Jesus. O nome remete a uma mentalidade militar, pois seriam soldados alistados por toda a vida na guerra contra a descrença e a degradação da Igreja. Os membros da Companhia de Jesus dedicavam-se aos chamados Exercícios Espirituais de Oração, penitência e contemplação. Em 1540, o papa Paulo III expediu uma bula confirmando a Companhia de Jesus como uma nova ordem religiosa. Sob a liderança de Inácio de Loyola, em 1552, foi redigida a Constituição com as regras que, com pequenas alterações, orientam as ações dos jesuítas até hoje.

A Igreja Católica, apesar de iniciativas isoladas, não foi capaz de promover por sua própria conta a profunda Reforma Religiosa interna necessária. A perda de fiéis, a perda de bens do seu patrimônio na Alemanha, na Inglaterra, na Suíça, na Holanda, na Escócia, na Dinamarca e na Suécia, além da perda da arrecadação de tributos nos territórios atingidos pelo protestantismo fizeram a Igreja Católica deflagrar a Contrarreforma.

Era necessário combater a heresia protestante e impedir sua propagação no continente europeu. Com esse espírito, foi instalado o Concílio de Trento, reunindo lideranças do clero católico entre 1545 e 1563. Durante os trabalhos do Concílio, ocorreram várias interrupções e vários recomeços. O resultado do Concílio revelou a reação católica ao protestantismo, demonstrando hostilidade e rejeição.

Como mecanismo de repressão, foram reorganizados os tribunais da Santa Inquisição, criada em 1217, mas enfraquecida no tempo do Renascimento. A revitalizada Inquisição, utilizando-se de métodos violentos, incluindo a tortura, interrogava, julgava e condenava os suspeitos de heresia. O chamado Tribunal do Santo Ofício ampliou sua jurisdição para abranger a blasfêmia, a simonia, a poligamia, o estupro, a exploração da prostituição e outras transgressões. A Inquisição foi ativíssima e queimou na fogueira grande número de condenados em países como Espanha, Portugal e na região da Itália, lugares dominados pelo catolicismo.

Outro mecanismo de ação da Contrarreforma foi o *Index*, lista de livros cuja leitura era proibida aos fiéis. Era o *Index Librorum*

Prohibitorum. Queimaram-se milhares de livros em cerimônias em praça pública. O chamado *Index Tridentino*, de 1564, reorganizou a lista de obras censuradas. A chamada Congregação do *Index* passou a rever e reeditar a lista periodicamente. A censura contribuiu para o declínio intelectual da Itália depois de 1600, afetando com o passar do tempo os países católicos.

Criada em 1534, portanto, antes do Concílio de Trento, a Companhia de Jesus desempenhou importante papel na Contrarreforma Católica. Grandes missionários, os jesuítas espalharam-se pelo mundo, cumprindo a missão de propagação do catolicismo pelo Oriente (Índia, China, Japão) e na América. Disciplinados, ativos como educadores, fundaram escolas e missões com participação decisiva na catequese dos indígenas.

O Concílio de Trento definiu de um modo mais claro os pontos colocados em causa pelos protestantes e condenou-os de forma inequívoca. Reafirmou o papel das obras humanas na salvação, a existência de sete sacramentos (batismo, crisma, eucaristia, matrimônio, confissão, ordem e extrema-unção), confirmou a infalibilidade do papa, deu à Igreja o direito exclusivo de explicar a *Bíblia* e declarou a *Vulgata* latina de São Jerônimo como a tradução e o texto definitivos da *Bíblia*. Ademais, confirmou o valor do culto aos santos, especialmente do culto da Virgem. Em matéria disciplinar, condenou abusos e aboliu a venda de indulgências, a não residência dos bispos nas suas dioceses ou a acumulação de vários bispados. Também manteve o celibato clerical e o latim como língua litúrgica e recomendou a criação de um seminário em cada diocese para formação moral, intelectual e religiosa dos futuros membros do clero, preparando-os para atuarem na transmissão da fé pelo catecismo e pela pregação.

Destaca-se que a Igreja Católica, com a Contrarreforma, não eliminou o protestantismo, mas conseguiu, de certa forma, evitar sua expansão.

Como você verificou, a Reforma Religiosa Protestante foi um movimento complexo, resultando de diversas causas e produzindo inúmeros efeitos.

A Reforma Religiosa Protestante acabou com a unidade religiosa da Europa, a principal característica da Idade Média, e enfraqueceu a Igreja Católica Romana, a mais sólida instituição da sociedade medieval.

Ao fortalecer o poder dos monarcas, a Reforma Religiosa estimulou o crescimento do Estado Moderno. Os governantes protestantes repudiaram a pretensão do papa a um poder temporal e universal, e afirmaram sua autoridade às igrejas protestantes em seus respectivos países. Nos países católicos, a Igreja, como reação ao protestantismo, deu apoio às monarquias, mas preservou uma margem de independência política.

Saliente-se que a Reforma contribuiu para a criação de uma ética individualista. Os protestantes buscavam uma relação direta e pessoal com Deus e interpretavam a *Bíblia* por si mesmos, e a ética protestante da Reforma desenvolveu-se simultaneamente com o novo sistema econômico, o capitalismo.

3.7 – O Barroco

Você deve estar se perguntando por que o Barroco aparece em um item de um capítulo que trata sobre a Reforma Religiosa. A resposta é que o Barroco começou a se desenvolver a partir da Contrarreforma Católica e o Concílio de Trento, o que não significa que tenha sido um movimento ocorrido apenas em território católico.

A origem do termo barroco é confusa. Em português, a palavra significa pérola de superfície irregular, mas serviu para designar um estilo artístico que floresceu entre a segunda metade do século XVI e o século XVIII. Em um sentido mais amplo, o Barroco não foi apenas um estilo artístico, mas todo um movimento sociocultural em que se expressava um novo modo de entender o mundo, o homem e Deus.

Os primeiros sinais da sensibilidade barroca apareceram na região da Itália, e o seu centro foi Roma, onde, em 1568, foi erguida a Gesù, igreja matriz da Ordem dos Jesuítas. Era uma arte que expressava os ideais da Contrarreforma Católica e o pensamento do Concílio de Trento. De Roma, por meio dos cardeais, bispos, embaixadores irradiou-se pela Europa. Importante salientar que a arte da Contrarreforma foi apenas um aspecto da sensibilidade barroca, valendo observar que essa sensibilidade também se manifestou em países protestantes.

O Barroco floresceu, portanto, em pleno Renascimento, opondo-se ao paganismo greco-latino e adquirindo uma característica estética oposta ao classicismo renascentista. A estética barroca valoriza a exuberância e o rebuscamento que se afirmou no século XVII, revelando o gosto pela liberdade e o desprezo pelas regras da medida. A sensibilidade barroca é irracional e contraditória e guarda dentro de si oposições. O Barroco cultiva o mistério, o sobrenatural, o emotivo, os encantos da natureza e o movimento nervoso, luxuriante.

Na Itália, a pintura barroca predominou no século XVII em um ambiente muito influenciado pela Contrarreforma Católica. Os artistas procuravam expressar um realismo o mais convincente possível, buscando transformar as escrituras em realidade compreensível para os fiéis. Um dos expoentes desse realismo foi Caravaggio, mestre do claro-escuro, que joga com os contrastes de luz e treva, bem e mal, vida e morte. A obra que pode ilustrar esse realismo em seus trabalhos é A *Morte da Virgem*. Caravaggio foi um vanguardista, e o recurso do claro-escuro utilizado, por exemplo, na obra *A Ceia em Emaús* seria empregado nos séculos seguintes.

A REFORMA RELIGIOSA PROTESTANTE E A CONTRARREFORMA CATÓLICA

Figura 3.2 – *A Morte da Virgem* – Caravaggio – 1606

Fonte: Museu do Louvre, França. Disponível em: https://commons.wikimedia.org/wiki/File:Caravaggio_-_La_Morte_della_Vergine.jpg

Ainda na Itália, o escultor e arquiteto Gian Lorenzo Bernini influenciou profundamente a formação do estilo barroco. Ele projetou a dupla colunata que circunda a Praça de São Pedro, onde construiu também um adro trapezoide nas proximidades da fachada, e na parte mais distante uma praça em forma de elipse, delimitada de ambos os lados por uma coluna quádrupla. Essa praça está arquitetonicamente relacionada com o adro, disposição que cria uma grandeza notável e um forte sentido de movimento. No interior da basílica, Bernini usou uma sobreposição de mármores, bronze, estuques e ouro. A igreja é repleta de estátuas gigantescas e um mobiliário colossal. Um dos principais marcos da Basílica de São Pedro é o baldaquino, altar papal acima do túmulo de São Pedro, situado dentro da basílica. O baldaquino caracteriza a união entre arquitetura e escultura, um dos principais traços do Barroco.

Em termos de escultura barroca na Itália, Bernini foi o responsável por uma produção em que o conceito de movimento e expressão alcançam o nível mais elevado. Nesses aspectos, sua obra-prima é *O Êxtase de Santa Tereza*, considerada a expressão máxima do espírito barroco.

Figura 3.3 – *O Êxtase de Santa Teresa* – Gian Lorenzo Bernini – 1652

Fonte: https://commons.wikimedia.org/wiki/File:Ecstasy_of_St._Teresa_HDR.jpg

A música do Barroco floresceu entre 1600 e 1750. Foi quando a melodia se tornou independente do coro, colocando-se no centro do universo musical como expressão de situações dramáticas e sentimentos humanos. Surgiu assim a ópera. A característica dramática predomina na música barroca abrindo caminho ao desenvolvimento da ópera, gênero musical que se afirmou no século XVII. A ópera substituiu a polifonia e introduziu a homofonia, ou ária, quer dizer, o canto solista. O grande expoente dessa música no século XVII foi Monteverdi.

Na Espanha, a pintura no século XVII foi profundamente influenciada pela Igreja Católica e pelo zelo religioso dos reis da Dinastia Habsburgo. A arte barroca espanhola, apesar da temida Inquisição, recebeu a influência de Caravaggio e seu realismo. O maior expoente da pintura barroca espanhola foi Velásquez. Em sua obra, é notável a segurança na forma e o domínio da luz. Filipe IV da Espanha fez de Velásquez o pintor da corte, o que lhe permitiu realizar uma série de pinturas palacianas, registros importantíssimos, obtidos em um tempo sem fotografia, atualmente expostos em lugar de honra no Museu do Prado, em Madri. A obra que melhor revela esse trabalho de Velásquez é a tela *As Meninas*, que exibe a infanta Margarida Tereza e suas aias nos aposentos de verão do rei Filipe IV.

Outro artista barroco de destaque, da Espanha do século XVII, foi Murillo, autor de obras singelas como *A Sagrada Família* e *Duas Mulheres à Janela*. Essas são obras que tratam do quotidiano, embora o autor fosse mais conhecido por obras com temas religiosos.

Entre os principais nomes da arquitetura barroca na Espanha, está José Churriguera. São traços característicos de seus trabalhos grinaldas, frutos, flores, medalhões e volutas em curvas que se estendem sobre as fachadas, compondo o estilo churrigueresco.

A escultura do barroco foi consagrada à produção de imagens religiosas, demonstrando a preocupação de aliar o misticismo à imitação do real. Estátuas de madeira, pintadas com cores naturais, são vestidas com trajes suntuosos e joias (estátuas de vestir), algumas têm olhos de esmalte e cabelos naturais para criarem a ilusão da realidade.

No que diz respeito à literatura, o Barroco na Espanha teve em Góngora o seu maior expoente. Sua arte é considerada uma das mais altas criações poéticas espanholas. A metáfora foi a principal característica da literatura barroca, estilo de ousadas alusões à realidade, passando pela mitologia e pela natureza, e cultivando a expressão do fantástico e do irracional. Com o cultismo e o conceptismo, os contrastes e os paradoxos criam um estilo rebuscado em que predominam jogos de palavras, oposições e ideias abstratas. O cultismo se apoia no som e na forma, tendendo para uma exaltação sensorial, favorecendo a fantasia na busca de imagens e sensações que ultrapassam as sugestões da realidade. O conceptismo se apoia no significado da palavra, tendendo para um jogo de vocábulos e de raciocínio, para as agudezas ou sutilezas de pensamento com associações inesperadas e misticismo ideológico.

Calderón de la Barca foi o grande nome desse estilo na literatura e no teatro, conjugando essas características. Outros grandes expoentes desse estilo foram Lope de Veja e Tirso de Molina.

Essa literatura barroca conceptista, em Portugal, encontrou o requinte literário da oratória do Padre Antônio Vieira. Sua obra é um dos mais preciosos documentos do século XVII, baseada em intrincadas estruturas lógicas e em uma linguagem rica em virtuosismos, alegorias e antíteses.

Na França, muitos artistas tinham ido viver na Itália atraídos pelo fascínio exercido por Roma, o centro do estilo Barroco. Entre eles estava Nicolas Poussin, que, convidado pelo rei Luís XIII e por seu ministro Richelieu, resolveu voltar à França. Autor de trabalhos como *A Sagrada Família*, obra que exibe uma beleza pura, racionalidade e sutileza elegante.

Na Flandres, no século XVII, a arte foi influenciada pelo domínio da Espanha. A região permaneceu sob domínio espanhol, quando a parte norte dos Países Baixos tornou-se independente. Enquanto na região independente predominava o protestantismo, na Flandres o catolicismo e o espírito da Contrarreforma exerceram influências. A região, que correspondia à atual Bélgica, teve em Antuérpia o seu principal centro artístico. Foi onde atuou Rubens, o maior dos pintores barrocos flamengos. Depois de estudar na Itália, conheceu a Espanha, onde se tornou amigo de Velázquez. Em seus trabalhos, Rubens mesclou o esplendor italiano com a sensibilidade peculiar flamenga. O artista trabalhou os temas mais vastos, recriando o real. Suas figuras superam a realidade. Nas suas obras, as representações exatas são raras. As cores utilizadas multiplicam os contrastes alcançando luminosidade peculiar. Desprezando a simetria e o equilíbrio típicos do Renascimento, investiu no movimento, no impulso e na ascensão. Entre suas principais obras destacam-se *Descida da Cruz* e *A Apoteose de Henrique IV*. Rubens foi o pintor da Contrarreforma e do humanismo religioso, estimulado pelo Concílio de Trento.

A porção independente dos Países Baixos, as Províncias Unidas (atual Holanda), onde o protestantismo se estabelecera, sendo o calvinismo dominante, assistiu, no século XVII – para atender ao culto reformista – a um processo de retirada de adornos e imagens das igrejas. Na pintura, houve especial atenção ao realismo nas coisas do quotidiano. Com a independência das Províncias Unidas, a sociedade passou por mudanças, e uma burguesia em afirmação contribuiu para a criação de um mercado de arte, pinturas realistas, retratos e imagens do trabalho.

Foi em Amsterdã que viveu Rembrandt, artista que sobressaiu como mestre da narrativa. Seu estilo era colocar ao alcance dos apreciadores de seus trabalhos o material da história, deixando ao encargo destes a tarefa de penetrá-la por si próprios. Autor também de obras com temas bíblicos, utilizou intensa carga narrativa, como podemos verificar na obra *A Captura de Sansão*. Uma das obras mais admiradas de Rembrandt é *A Noiva Judia*, trabalho que emociona pela singela autenticidade emotiva. O artista também alcançou notoriedade por seus autorretratos. Uma contribuição de Rembrandt foi o emprego de águas-fortes, técnica inovadora de gravura em metal. Foi com o artista que essa técnica alcançou seu apogeu.

Outro artista com dotes extraordinários que atuou nas Províncias Unidas no século XVII foi Vermeer, cujos trabalhos revelam uma realidade e uma fidelidade ótica marcantes. Os trabalhos do artista, *Vista de Delft, A Leiteira, Moça com Brinco de Pérola, Mulher com Balança*, exibem um equilíbrio entre luz e treva que valorizam cenas e situações aparentemente simples.

No século XVIII, desenvolveu-se na França uma arte considerada por alguns estudiosos como um Barroco estendido. Entre os franceses, essa arte setecentista recebeu o nome de Rococó. A palavra deriva do termo francês *rocaille*, nome de um estilo de mobiliário e de arquitetura cujos ornamentos recordavam rochedos e conchas. Esse estilo ganhou prestígio na França com o pintor Jean-Antoine Watteau e suas festas galantes, e as apresentações da *commedia dell'arte*, modalidade teatral trazida da Itália e que se baseava em improvisos, com malabarismo e acrobacias. Tinha uma série de personagens fixas, como Arlequim, Colombina e Pierrô, e o estilo verbal refinado apresentava muitas vezes fundo erótico.

Em termos de arquitetura, o Rococó surgiu na França, inicialmente como um desdobramento do Barroco, porém afirmou-se como um estilo mais sóbrio e sem as extravagâncias de seu antecessor.

Espanha e Portugal introduziram o Barroco em suas colônias na América. Como nas metrópoles, o Barroco colonial sofreu forte influência da Igreja Católica e do espírito da Contrarreforma. Na América espanhola, o estilo exuberante de formas constituiu um patrimônio cultural riquíssimo tanto na arquitetura como no urbanismo. São notáveis as construções de igrejas, em estilo churrigueresco, em cidades como Quito e Cidade do México – são algumas das mais belas obras da arquitetura colonial espanhola.

Na América portuguesa, houve um Barroco praticado na Bahia, no século XVII, muito perceptível na arquitetura pela construção de igrejas em Salvador, que chamam mais a atenção pela decoração interior do que pelo exterior despojado. Na literatura, esse Barroco teve nos sermões do Padre Antônio Vieira e nas sátiras de Gregório de Matos, seus principais representantes.

No Brasil, no século XVIII, floresceu um Barroco tardio na região de Minas Gerais. Nessa época, com o ouro e a mineração surgiram cidades como Vila Rica (Ouro Preto), Congonhas do Campo, Mariana, Sabará e São João del Rei, onde a construção de igrejas permitiu que a arquitetura, a escultura e a pintura barroca encontrassem condição de produzir um rico patrimônio. Nessa região, o Barroco mineiro mobilizou grande quantidade de recursos e de artesãos especializados, incluindo manifestações musicais e literárias. O mais famoso artífice escultor mineiro do período colonial foi Antônio Francisco Lisboa, conhecido pelo apelido de Aleijadinho. A ele são atribuídos diversos trabalhos, tais como: Igreja da Ordem Terceira de São Francisco, em Vila Rica, além da composição monumental dos passos e dos profetas do Santuário do Bom Jesus dos Matosinhos, em Congonhas do Campo. A respeito do assunto vale salientar que alguns pesquisadores mais recentes questionam a atribuição de muitos desses trabalhos ao Aleijadinho. Outros estudiosos chegam mesmo a questionar a existência do próprio Antônio Francisco Lisboa.

Capítulo 4

O ESTADO MODERNO

Você já deve ter lido ou ouvido a expressão Antigo Regime. Ela é usada pelos historiadores do presente ao se referirem à estrutura adotada pelo Estado Moderno, composta pelo Mercantilismo e pelo Absolutismo. A expressão Antigo Regime serve para diferenciá-lo do modelo que veio a surgir depois da Revolução Francesa de 1789.

Assim, vamos ao estudo do Mercantilismo e do Absolutismo.

4.1 – A economia mercantilista

O chamado Estado Moderno se constituiu em termos econômicos pelo Mercantilismo, expressão econômica da aliança entre o rei e a burguesia, que tinha como objetivo básico o fortalecimento do Estado.

O Mercantilismo foi a política econômica dos Estados Modernos na transição do feudalismo para o capitalismo, sendo assim também chamado de pré-capitalismo ou capitalismo comercial.

A origem do Mercantilismo remonta à Baixa Idade Média e ao desenvolvimento do Renascimento Comercial e Urbano, quando os pequenos mercados locais, formados pelas cidades medievais, cederam lugar a um amplo mercado nacional formado pelo território e pela população submetidos à autoridade da monarquia que gradativamente centralizava seus poderes. Ao mercado nacional somou-se o mercando mundial, que se formou a partir das Grandes Navegações do século XV e a conquista e exploração das riquezas de novos continentes. O fluxo de metais preciosos do Novo Mundo e de especiarias orientais impulsionou o crescimento do comércio europeu, estagnado desde as crises do século XIV (guerra, peste e fome). A essa expansão das trocas deu-se o nome de Revolução Comercial.

No Mercantilismo, o Estado exerce um rígido controle sobre todas as atividades produtivas, cujo objetivo era aumentar a produção de mercadorias, regulamentar os diversos tipos de artigos produzidos e estabelecer um sistema de tarifas alfandegárias para proteger o mercado nacional contra a concorrência externa de outros países.

Entre os séculos XV e XVIII, o Mercantilismo funcionou como o conjunto de teorias e práticas de intervenção econômica do Estado, que surge ao mesmo tempo como sujeito e objeto, que se desenvolveram na Europa e no mundo colonial, desde o fim da Idade Média até as revoluções burguesas.

Em seu funcionamento, o Mercantilismo adotou certas práticas, ou mecanismos, características, tais como: **metalismo**, **balança comercial favorável**, **protecionismo**, **monopólio** e **intervencionismo**.

O metalismo relacionava a riqueza de um país com a sua capacidade de acumular metais preciosos. Assim, quanto mais ouro e prata possuísse o país, mais rico e poderoso seria. Os metais preciosos permitiriam ao governo comprar armas, formar exércitos, custear as guerras, investir na produção agrícola, impulsionar o comércio e pagar funcionários. Os mercantilistas sabiam que os metais não eram a única riqueza, mas o consideravam como instrumento mais perfeito de aquisição de riqueza.

A balança comercial favorável era a busca de manter as exportações em um nível acima das importações, sendo um recurso para evitar a saída de moedas do país, o que era indesejável. Essa política de impulsionamento do comércio exterior gerou um nacionalismo econômico que contribuiu para algumas guerras entre os países europeus.

Com o propósito de proteger a economia nacional, cada governo promovia intervenções no mercado, estimulando a exportação e dificultando as importações. Essa prática configurava o protecionismo. A legislação protecionista proibia a importação de mercadorias que concorressem com produtos nacionais ou impunha taxas alfandegárias elevadas que as encareciam; eram permitidas apenas as importações de artigos essenciais ao país. Havia o impedimento de exportação de matérias-primas que pudessem ajudar a produção estrangeira. Era estimulada a natalidade de maneira a baratear a mão de obra e fornecer soldados para o exército nacional e para povoar as colônias e favorecer sua exploração, sendo, assim, incentivada a emigração.

O monopólio foi elemento importante no protecionismo mercantilista. O governo concedia a grupos particulares o monopólio (exclusividade) sobre determinados ramos da produção ou criava as manufaturas do Estado. O objetivo era a obtenção da autossuficiência econômica e a produção de excedentes exportáveis. O comércio entre a metrópole e a colônia era regulado pelo pacto colonial, baseado em um sistema de monopólio comercial também chamado exclusivo metropolitano. A metrópole adquiria da colônia produtos tropicais e exportava para ela artigos manufaturados, obtendo assim uma balança comercial favorável.

As comunicações entre as metrópoles europeias e seus impérios coloniais exigiam a manutenção de frotas marítimas que garantiam a realização de um comércio em escala mundial. Assim, entre os séculos XV e XVIII, países como Portugal, Espanha, Holanda e Inglaterra exerceram cada um ao seu tempo uma supremacia naval.

Note que, de uma maneira geral, o Mercantilismo atuou na uniformização interna do Estado, reduzindo as barreiras e os pedágios dentro do país, abrindo estradas, construindo portos, uniformizando pesos, medidas e moedas, criando leis e regulamentando as atividades econômicas.

O *intervencionismo* foi uma característica essencial do Mercantilismo, visto que ele corresponde a uma política econômica a serviço do Estado, um verdadeiro nacionalismo econômico em que a atividade econômica se subordinava à finalidade principal de construir um Estado forte. A economia era um instrumento da política, uma base para o poder político. Para os mercantilistas a economia internacional equivalia a uma arena de conflito entre os interesses nacionais antagônicos e não uma área de cooperação. Os Estados se preocupavam com ganhos econômicos porque a riqueza material acumulada poderia servir como base para o poder político militar usado contra outros Estados.

O Mercantilismo não constituiu uma doutrina coesa, sistemática e uniforme para os diversos Estados europeus.

4.2 – As modalidades de Mercantilismo

Um dos tipos básicos de Mercantilismo foi o bulionismo, também conhecido por metalismo. Foi praticado pela Espanha, que, com a expansão comercial e marítima, obteve pelo Tratado de Tordesilhas (1494) grande parte do território da América. De suas colônias no Novo Mundo, fluíam para a Espanha o ouro do México e a prata do Peru. Entre 1503 e 1620, estima-se que 13 mil toneladas de prata e 170 toneladas de ouro tenham sido transferidas da América para a Espanha. Os metais que chegavam eram armazenados no tesouro espanhol, em barras ou lingotes (*bullion*, em inglês, de onde veio o nome bulionismo).

O bulionismo produziu efeitos. Enriquecida, a Espanha podia importar manufaturados e produtos alimentícios estrangeiros, o que levou ao escoamento das reservas do tesouro espanhol para outros países. Essa situação contribuiu para o desaparecimento das atividades agrícolas e manufatureiras e aumentou a circulação de dinheiro na Europa, provocando uma alta dos preços. A esse processo os economistas chamaram de "revolução dos preços", que foi um fenômeno que no século XVI produziu uma inflação sem precedentes.

Outra modalidade de Mercantilismo foi o comercialismo. Sua origem ocorreu na Inglaterra. O desenvolvimento manufatureiro e o crescimento da marinha mercante, a partir do século XVI, favoreceram a economia inglesa. No século XVII, tecidos produzidos pelas manufaturas inglesas eram distribuídos pela marinha inglesa, fortalecida pelo Ato de Navegação (1651) e pela vitória sobre a Holanda, em todo o mercado mundial. A Inglaterra se consolidou no século XVII como a principal potência no comércio internacional. Assim, grande quantidade de produtos ingleses eram negociados em todo o mundo, gerando o ingresso de metais no tesouro inglês, ao mesmo tempo em que se limitava a importação de produtos estrangeiros. Essa estratégia era adotada para que fosse obtida uma balança comercial favorável. De maneira a garantir o sucesso dessa concepção mercantilista, todo um sistema de regulamentação era praticado, incluindo o controle de tarifas alfandegárias.

Ficou conhecido por colbertismo o tipo de Mercantilismo praticado pela França, em referência a Jean Baptiste Colbert, ministro do rei Luís XIV. Consistia em limitar as importações e, ao mesmo tempo, estimular as manufaturas, sobretudo as de artigo de luxo, tais como tecidos, tapeçarias, couros, artigos de mesa e trajes. A indústria, ainda que não mecanizada, era incentivada, pois os produtos fabricados para exportação tinham um valor específico maior. A prioridade dada à indústria explica a razão de o colbertismo também ser conhecido como industrialismo. No Mercantilismo industrialista, a produção era dirigida e o consumo também, pois era necessário exportar o que tinha mais valor sendo conveniente limitar o consumo interno, de maneira a guardar aquilo que, exportado, proporcione um lucro maior. O que se nota na aplicação dessa política era a regulamentação do Estado tanto no plano da produção quanto no do consumo.

Uma modalidade peculiar de Mercantilismo – industrial e comercial – floresceu nos Países Baixos. Havia uma economia apoiada na indústria da pesca e em refinarias de açúcar, além de uma tradicional produção de tecidos, atividades que se beneficiavam de um comércio garantido, até o século XVII, por uma das frotas navais mais atuantes da Europa. A criação de Companhias de Navegação, apoiadas pelo Estado e financiadas pelo Banco de Amesterdã, contribuiu para o sucesso do Mercantilismo nos Países Baixos. A Companhia das Índias Orientais, criada em 1602, que atuava no mercado de especiarias, e a Companhia das Índias Ocidentais (WIC), criada em 1621, que atuou nos negócios do açúcar e no tráfico de escravos, alcançaram tal êxito que foram copiadas por outros países da Europa, como a Inglaterra.

Na região da Alemanha, floresceu o cameralismo, uma modalidade de Mercantilismo que valorizava a substituição de importações e um Estado forte condutor da vida econômica. O termo cameralismo deriva do alemão *Kammer*, a administração do Estado. De uma maneira geral, os cameralistas visavam aumentar os rendimentos da agricultura, da manufatura e da responsabilidade social. Adotado em muitos dos estados alemães, no século XVIII, como, por exemplo, na Prússia, caracterizou-se pela ação da burocracia em busca de um aprimoramento de sua eficiência.

Como você verificou, o Mercantilismo preparou o caminho para o deslanchar do capitalismo a partir da acumulação de capital, permitindo o desenvolvimento das forças produtivas e das relações de produção.

4.3 – O Absolutismo

Do século XIII ao XVI, surgiu na Europa ocidental uma forma de organização política chamada Estado Nacional. Gradativamente uma série de poderes (administração, exército, economia e justiça) foram colocados sob o controle de uma autoridade central.

O Estado Nacional criou uma relativa estabilidade interna e ao mesmo tempo coordenou a disputa com outros Estados pela conquista de outras terras e mercados.

As figuras centrais no desenvolvimento dos Estados Nacionais foram os reis, que centralizaram em suas mãos poderes antes dispersos, entre uma infinidade de senhores territoriais, na fragmentação típica do feudalismo.

O Absolutismo foi a forma de governo adotada durante os séculos XVI, XVII e XVIII em vários países europeus ocidentais.

Um dos mecanismos fundamentais do Estado Nacional foi a organização de um forte exército permanente, instrumento pelo qual os reis impunham seus interesses aos senhores feudais, bem como a outros Estados rivais. Tais exércitos foram formados e mantidos graças a contribuições e tributos pagos por uma burguesia interessada na unificação dos mercados internos, em segurança e proteção para suas atividades e na expansão comercial e marítima.

Uma enorme burocracia coordenava e administrava as atividades do governo central e de seu exército. O monarca tinha de enfrentar os poderes locais dos senhores da nobreza feudal e os bispos que representavam o poder da Igreja Católica Romana.

Os primeiros reis modernos bem-sucedidos tiveram de colocar as igrejas sob a sua autoridade. Foi necessário subordinar a religião às necessidades do Estado. O recurso foi ligar a identidade religiosa dos súditos com a identidade nacional. Diante disso, você deve estar se perguntando: se o rei centralizava todos os poderes em suas mãos, isso significa dizer que o Absolutismo era uma tirania?

Os poderes do monarca absolutista, ainda que caracterizados como ilimitados, passavam por algum controle, quer no plano moral – perante as leis de Deus –, quer no plano temporal, pelos costumes e pela tradição, nisso compreendidos os valores e as crenças da época. Assim, o Absolutismo era sujeito a certas regras preestabelecidas, teoricamente não arbitrário e influenciado por costumes seculares, religiosos ou profanos. Os monarcas absolutistas consideravam ser obrigatória a manutenção das "leis fundamentais" do reino, representadas por um conjunto de normas datadas de tempos imemoriais e encaradas como manifestação da natureza, da razão e da vontade de Deus. Essas leis, porém, jamais foram identificadas com precisão.

O Absolutismo apresenta-se como uma monarquia hereditária. A instância maior da legitimidade era a dinastia, a família real. O Estado era concebido como o patrimônio do monarca.

Um dos recursos usados pelo rei para o fortalecimento de seu poder foi alimentar as rivalidades entre as diferentes camadas sociais e se apresentar como árbitro dos conflitos. O rei protegia a burguesia concedendo-lhe monopólios comerciais e industriais e arrendando-lhe impostos. A burguesia foi enobrecida, inclusive com a concessão de títulos nobiliárquicos. A nobreza recebia o governo das províncias e postos de comando no exército, e era atraída para a corte, em que uma vida luxuosa consumia suas rendas em gastos com vestuário, habitação, festas, banquetes e bailes, tornando-a dependente economicamente do rei. O rei instigava o clero, a nobreza e a burguesia uns contra os outros. Ao dividir a sociedade, o soberano se equilibrava acima dessas rivalidades impondo seu papel de senhor do Estado, acima de qualquer particularismo.

Sempre interessados na expansão de seus domínios, os monarcas dispunham de alternativas para a concretização desse objetivo: a agressão armada da guerra ou manobra matrimonial dos casamentos. A condução de tratativas de guerra, paz e pactos nupciais levou ao florescimento da diplomacia, que, no século XVI, se tornou uma marca do Estado renascentista, responsável pela solução dos atritos internacionais por meios pacíficos; a diplomacia surgiu em Veneza e Florença (cidades da Itália). Aos poucos as "embaixadas", antes esporádicas e ainda não institucionais, foram se modificando e viraram "embaixadas" fixas e recíprocas no exterior. Tais ações exigiam uma chancelaria responsável pelas relações exteriores e pela elaboração de relatórios diplomáticos que informavam sobre os acontecimentos além das fronteiras do Estado.

Observe que o momento de consolidação dessa Europa de Estados foi o século XVII, com a Guerra dos Trinta Anos e a Paz de Vestfália, em 1648.

4.4 – Os teóricos do Absolutismo

Vários foram os pensadores que trataram da teoria política no tempo em que o Absolutismo foi praticado. Assim, obras clássicas foram escritas com o objetivo de fornecer uma justificação teórica e uma legitimação às práticas políticas do Absolutismo.

Um pioneiro nas reflexões a respeito do poder foi Nicolau Maquiavel, que viveu em Florença, no tempo do Renascimento Cultural, tendo servido como funcionário ao governo da poderosa família Médici. A Itália do tempo de Maquiavel estava dividida em principados e repúblicas, todos rivais entre si. Nesse contexto, a astúcia e a traição eram frequentes. Esse é o cenário em que foi escrito *O Príncipe*, obra em que o autor sugere o caminho para restaurar a unidade da República italiana e qual deveria ser a postura do príncipe para alcançar tal objetivo. Maquiavel introduz a noção do político que domina as técnicas da política e busca o bem e a manutenção do Estado. Um homem de Estado não pode se dar ao luxo de ter dilemas com sua própria consciência. Sua ação tem em vista o Estado, e o bem-estar e a estabilidade do Estado constituem o bem com que este político deve se preocupar. Ao tratar da "razão de Estado", Maquiavel considerava que:

> Um príncipe sábio não pode e não deve manter-se fiel às suas promessas quando, extinta a causa que o levou a fazê-las, o cumprimento delas lhe traz prejuízo. Este preceito não seria bom se os homens fossem todos bons. Como, porém, são maus e por isso mesmo faltariam à palavra que acaso nos dessem, nada impede que venhamos nós a faltar também à nossa (Maquiavel, 1946, p. 122).

Ao colocar as discussões de se o príncipe deve obedecer à lei moral, se é melhor ser amado ou ser temido, Maquiavel produziu uma ruptura com o pensamento político de sua época, com os padrões éticos de então ao separar a moralidade pública e a moralidade privada.

O Príncipe gerou uma má reputação que acompanha o nome de Maquiavel até o presente, criando os termos maquiavelismo e maquiavélico, respectivamente, com o sentido de atitude antiética, sem escrúpulos. No entanto, tais definições não consideram que o maquiavelismo não elimina a ética, mas a sujeita à política. Maquiavel inova ao recomendar que o príncipe deve possuir a capacidade de perceber a realidade, traçar uma estratégia de ação e adotá-la em momento oportuno.

Outro autor considerado uma referência em relação ao Absolutismo foi Tomas Hobbes, autor da obra *O Leviatã*, nome originário de criatura citada no Antigo Testamento e que na mitologia fenícia era tida como o monstro do caos. Pensador inglês e intelectual com notável erudição, manteve interlocução com figuras como René Descartes e Galileu Galilei, nomes importantes da filosofia e da ciência de seu tempo. Hobbes viveu o turbulento tempo da guerra civil que atingiu a Inglaterra durante a Revolução Puritana, com grandes enfrentamentos dos exércitos reais e do Parlamento. Certamente, o contexto histórico em que esteve inserido o influenciou ao ponto de considerar a guerra civil como o pior dos males de um Estado. Todos os meios devem ser utilizados para evitá-la, o que exige uma autoridade forte.

Hobbes, ao construir a sua teoria de Estado, descreve o estado de natureza do homem como o de liberdade, em que afloram a discórdia, a competição, a desconfiança. Assim, o estado de natureza é um estado de guerra entre os homens, no qual o homem era como "um lobo para o homem". Em tal situação, ninguém tem segurança de sua vida ou de seus bens, o que, em vista de tal situação, leva à rejeição a este estado natural. O homem, pela razão, constitui um soberano para sua defesa e segurança, em busca da autopreservação, unindo-se para formar uma sociedade civil, mediante um contrato segundo o qual cada um cede seus direitos ao soberano, de maneira que se renuncia a todo direito de liberdade, nocivo à paz, em benefício do Estado, cuja autoridade deve ser absoluta. Para Hobbes, era legítimo que o Estado tivesse proporções colossais, de um gigante, permitindo ao rei governar de maneira absolutista já que o próprio povo lhe concedeu tal poder.

Você já deve ter ouvido e lido que alguns pensadores modernos relacionavam o poder dos reis com a vontade divina. De fato, isso ocorreu, e o francês Jacques Bossuet foi um dos filósofos que defenderam tal interpretação.

Bossuet estudou filosofia e teologia, tendo sido ordenado padre e alcançado a posição de bispo, chegando a atuar na corte do rei Luís XIV da França, como conselheiro. Seu livro *Política Tirada das Sagradas Escrituras* valeu-lhe a reputação de teórico do Absolutismo. Para ele, a monarquia é a forma de governo mais antiga, mais natural e mais comum. Sua ideia central é que o respeito à tradição e à confiança na providência divina devem conduzir os homens à submissão total à autoridade do governante. Bossuet foi o responsável pelo princípio do direito divino dos reis, quer dizer, a teoria do poder real emanado de Deus. A autoridade do rei é sagrada, pois ele age como ministro de Deus na Terra; portanto, rebelar-se contra ele é rebelar-se contra Deus. Outros autores também trataram do Absolutismo, como Hugo Grotius e Jean Bodin.

Grotius foi um filósofo e teólogo holandês, autor da obra *Do Direito da Paz e da Guerra*, em que defendeu que o Estado deveria ter poder ilimitado, pois sem ele haveria caos político em uma nação. Grotius foi um dos fundadores do Direito Internacional.

Jean Bodin foi um jurista francês, autor da obra *Os Seis Livros da República*. É considerado o precursor da teoria da soberania, conceito que pode ser tido como fundamental do corpo político.

O soberano está subordinado às leis de Deus, às leis da natureza e a certas leis comuns a todos os povos; todavia, a inexistência de controles evita qualquer eficácia. Como não dispunham de soberania, os súditos não podiam contrariar as leis do soberano, assim como um filho não pode resistir aos atos do pai, ainda que lhes pareçam injustos. O caráter absoluto da soberania é delineado como ausência de controles.

4.5 – O Absolutismo na França

Na França, o poder real avançou lenta mas progressivamente durante o século XVI. As guerras de religião que abalaram o país nos fins do século XVI e no princípio do século XVII retardaram a consolidação do Absolutismo.

Desde a Guerra dos Cem Anos, encerrada no século XV, a França era governada pela Dinastia Valois. O rei Francisco I, em 1516, estabeleceu a Concordata de Bolonha com a Igreja Católica Romana, um acordo com o papa Leão X, que permitiu ao rei francês indicar e, portanto, nomear homens de sua escolha para os altos cargos da Igreja francesa. No início do século XVI, a homogeneidade religiosa havia fortalecido o governo central em prejuízo da autoridade papal e dos privilégios da nobreza feudal.

O desencadeamento da Reforma Religiosa Protestante fez Francisco I declarar as crenças e práticas protestantes ilegais e puníveis com multa, prisão e até execução. O reformador Calvino e alguns de seus seguidores fugiram da França e se instalaram em Genebra, na Suíça.

O Rei Francisco I considerava que o protestantismo questionava a unidade de seu poder e temia que a dissidência religiosa pudesse se aproximar de uma oposição política para se constituir em uma ameaça ao poder real. Ao questionar a autoridade da Igreja Católica, a minoria protestante questionava também a autoridade real, pois a monarquia e a igreja francesas apoiavam-se mutuamente.

Entre 1562 e 1598, a França conheceu conflitos religiosos que custaram ao rei o controle de grandes áreas do reino. Durante o governo de Carlos IX, acirrou-se a luta entre católicos e protestantes huguenotes (calvinistas franceses). Os católicos eram liderados pela família Guise, que tinha o apoio da rainha Catarina de Médici, mãe do rei, enquanto os huguenotes eram conduzidos pela família Bourbon. Era o confronto entre a nobreza católica e a burguesia mercantil calvinista.

O momento culminante da disputa entre católicos e protestantes foi a noite de São Bartolomeu, em 24 de agosto de 1572, quando cerca de três mil protestantes foram assassinados, incluindo um dos seus principais líderes, o almirante Gaspar de Coligny, em um massacre promovido pelos católicos, em uma ação planejada sob as ordens de Catarina de Médici.

Após o massacre, o conflito se intensificou. Em 1589, com a morte do Rei Henrique III, na ausência de um herdeiro masculino para o trono, a Dinastia Valois chegou ao final. O pretendente mais forte ao trono era Henrique de Bourbon, protestante, primo e cunhado do rei morto.

Henrique IV reinou a partir de 1589, iniciando a Dinastia Bourbon. Compreendendo que a maioria da população francesa era católica (cerca de 80%), renunciou (abjurou) à religião protestante, proferindo a frase: "Paris bem vale uma missa". Essa iniciativa buscava alcançar a paz e restabelecer a estabilidade política, o que foi obtido com o Edito de Nantes, de 1598, medida que concedeu liberdade de culto aos protestantes. Com a pacificação do país, tornou-se possível a consolidação do Absolutismo na França. Sob o governo dos reis da Dinastia Bourbon, o Absolutismo atingiu o apogeu.

Com a morte de Henrique IV, em 1610, subiu ao trono, aos nove anos de idade, Luís XIII, ficando a regência sob a responsabilidade de sua mãe, Maria de Médici. A figura central do governo de Luís XIII foi o Cardeal Richelieu, ministro que foi o grande arquiteto do

Absolutismo francês, adotando um princípio que priorizava a "razão de Estado". Para Richelieu, as necessidades do Estado e a autoridade absoluta do rei eram sinônimos. Com Luís XIII, cresceu o poder da burocracia central. Com a participação de membros da burguesia, a nobreza foi submetida, e os protestantes, perseguidos.

As razões de Estado também orientaram a política externa de Richelieu. Preocupado com o poderio da Dinastia Habsburgo, que reinava na Espanha, no Sacro Império Romano-Germânico, na Holanda e em alguns reinos italianos, Richelieu levou a França a intervir na Guerra dos Trinta Anos (1630-1648), aliada aos protestantes da Dinamarca, da Suécia, da Holanda, da Boêmia e dos principados alemães. O conflito resultou na vitória francesa e instituiu uma supremacia dos Bourbons na Europa, acompanhada pela derrota e pelo enfraquecimento dos Habsburgos, o que foi consagrado pelo Tratado de Vestfália, de 1648.

A França de Richelieu fixou suas fronteiras naturais contra a ameaça dos Habsburgos: Pirineus a oeste, e o Rio Reno a leste.

Ao herdar o trono, Luís XIV tinha cinco anos. O condutor das políticas do reino, durante a menoridade do rei, foi o cardeal Mazzarino, que enfrentou várias rebeliões conhecidas como Frondas. Foi um movimento da burguesia e do povo, inicialmente, visando limitar o poder da monarquia, especialmente quanto aos impostos. Os participantes do movimento utilizavam fundas (*frondes*, em francês), isto é, tiras de couro para arremessar pedras. A revolta cresceu com a adesão da nobreza, que pretendia a restauração de privilégios da época do feudalismo. Mazzarino derrotou as Frondas e reforçou o Absolutismo.

Quando Luís XIV assumiu pessoalmente as responsabilidades do governo, em 1661, conseguiu o maior grau de concentração de poderes, o que se constata em uma frase deste monarca: "O Estado sou eu". Nenhum monarca absoluto na Europa Ocidental teve tanta autoridade pessoal ou comandou uma máquina militar e administrativa tão grande e eficiente. Foi com Luís XIV, o Rei Sol, que o Absolutismo francês teve seu apogeu, buscando respaldo na teoria do direito divino de Bossuet. Dizia-se que o altar passou a ser a base do trono.

Na economia, Jean Baptiste Colbert adotou um Mercantilismo que promoveu as manufaturas e um industrialismo de artigos de luxo, estimulando a navegação e o comércio, para manter a balança comercial favorável – foi o colbertismo, conforme você já pôde aprender neste capítulo.

A construção do Palácio de Versalhes, entre 1661 e 1674, foi a expressão arquitetônica da grandiosidade e da suntuosidade da corte de Luís XIV. A corte foi transferida para Versalhes, cerca de 20 quilômetros de Paris, onde se instalaram cerca de 10 mil pessoas, principalmente membros da nobreza e seus servidores. A etiqueta e o estilo ali cultivados destinavam-se a enaltecer o poder real e o prestígio da monarquia. A corte era o lugar em que os nobres buscavam ampliar seus privilégios, porém o luxo e as despesas necessárias para custear este estilo de vida arruinavam muitos cortesãos.

Em 1685, Luís XIV promulgou o Edito de Fontainebleau, revogando o Edito de Nantes e assim abolindo a liberdade de religião. Ao reformular a política religiosa, o rei adotou o princípio "um rei, uma lei, uma fé", retomando as perseguições religiosas, o que levou milhares de huguenotes, muitos deles burgueses, a emigrarem, provocando a fuga de riquezas e arruinando o Mercantilismo.

A sociedade francesa, no início do século XVIII, apesar das aparências jurídico-políticas de uma organização em três ordens (clero, nobreza e povo), economicamente estava dividida em classes, que possuíam interesses muito diferentes.

A nobreza e o clero eram ordens privilegiadas, com posse de terras e isenção de impostos. A alta burguesia (parte do terceiro estado) vivia dos negócios e comprava cargos públicos, tornando-se uma nobreza togada. Os camponeses e a pequena burguesia urbana pagavam, com seu trabalho e impostos, os gastos do Estado absolutista.

A partir do século XVIII, gastos excessivos da corte, guerras, tributação excessiva das classes inferiores foram abalando o prestígio dos reis da Dinastia Bourbon e contribuíram para a Revolução de 1789.

4.6 – O Absolutismo na Inglaterra

A Inglaterra viveu um tempo conturbado nos séculos XIV e XV com a Guerra dos Cem Anos, e logo em seguida a Guerra das Duas Rosas. Ao fim de tais conflitos, a Dinastia Tudor assumiu o poder e efetuou a centralização política. O primeiro monarca Tudor foi Henrique VII, que revitalizou as instituições e atuou na contenção de uma nobreza rebelde.

Seu sucessor foi Henrique VIII, e em seu reinado, o vigor e a eficiência do governo Tudor evidenciaram-se durante a Reforma Religiosa, quando o rei criou a Igreja Anglicana, colocando-se como chefe, pelo Ato de Supremacia, em 1534. A Reforma Protestante, na Inglaterra, foi uma mudança importante no governo real e no eclesiástico. Atacou e derrotou um importante obstáculo à autoridade monárquica, o poder do papado.

O rei Eduardo VI, filho de Henrique VIII e de Jane Seymour, manteve a Reforma Anglicana; porém doente, teve um curto reinado. Sua irmã e sucessora, Maria I, filha de Henrique VIII e Catarina de Aragão, tentou fazer com que a Inglaterra voltasse ao catolicismo, promovendo perseguições aos protestantes, que lhe valeram o apelido de Maria, a Sanguinária. Com sua morte precoce, aos 42 anos, sua sucessora foi sua irmã Elizabeth, filha de Henrique VIII e Ana Bolena.

Elizabeth I consolidou o anglicanismo e desenvolveu agressiva política mercantilista, procurando aumentar o poderio da Inglaterra nos mares. Iniciou a colonização da América do Norte, com a fundação, em 1584, de uma colônia chamada Virgínia. Com o objetivo de enfraquecer o império espanhol, apoiou a atividade corsária. Essa política levou a Espanha, maior vítima da pirataria inglesa, a atacar a Inglaterra com a Invencível Armada, uma poderosa frota de guerra com 130 navios e 30 mil homens, em 1588, destruída nas costas inglesas.

Durante o reinado de Elizabeth I, ocorreu um notável desenvolvimento econômico. O aumento da riqueza acelerou transformações que vinham ocorrendo no campo. Muitos proprietários de terras abandonaram a agricultura feudal e passaram a organizar a produção em moldes capitalistas, produção destinada ao mercado, com vultosos investimentos de capital, aperfeiçoamentos técnicos e mão de obra assalariada. Em decorrência dessas mudanças, intensificou-se no campo o processo de expulsão dos camponeses pobres e de cercamento das terras comunais (*enclosures*), transformadas em novas áreas de cultivo ou em pastagens para ovelhas. A Inglaterra tornou-se grande produtora de alimentos, matérias-primas como lã e carvão, que abasteciam o mercado nacional e eram exportados para outros países europeus. As manufaturas prosperaram, principalmente no setor têxtil, que foi perdendo seu caráter artesanal, ao mesmo tempo que se verificava a introdução de crescente divisão do trabalho.

Em 1603, com a morte de Elizabeth I – sem deixar herdeiros –, encerrou-se a Dinastia Tudor. Por razões de parentesco, o trono passou para o rei da Escócia, seu primo, Jaime, que iniciou a Dinastia Stuart.

Com a Dinastia Stuart, os monarcas ingleses pretenderam adotar um Absolutismo semelhante àquele que os Bourbons praticavam na França, mas fracassaram. Faltava aos Stuart uma base social e institucional adequada ao Absolutismo.

O rei Jaime I logo tornou-se impopular, pois, além de ser considerado estrangeiro, apresentava-se como defensor do Absolutismo de direito divino. Ao se aliar aos nobres e promover a adoção rigorosa do anglicanismo, desencadeou a insatisfação da burguesia e do Parlamento. As perseguições religiosas levaram muitos puritanos (calvinistas ingleses) a dirigirem-se para a América. Os primeiros embarcaram no navio Mayflower e fundaram Plymouth na região da Nova Inglaterra, no nordeste da América do Norte. Impopular, Jaime I foi vítima de uma revolta de católicos, a Conspiração da Pólvora, em 1605. Um grupo de católicos, liderados por Robert Catesby planejou explodir a Câmara dos Lordes, com 36 barris de pólvora armazenados no Palácio de Westminster. O plano foi descoberto e os líderes da conspiração foram mortos, entre eles, Guy Fawkes, que foi enforcado.

Carlos I, o sucessor de Jaime I, continuou enfrentando problemas com o Parlamento, que dificultava a aprovação de impostos. Ao cobrar impostos ilegais, sob o pretexto de combater revoltas na Escócia e na Irlanda, o rei entrou em choque com o Parlamento, tendo a agitação política alcançado um nível alarmante. Em 1641, Carlos I invadiu o Parlamento para prender seus opositores, o que desencadeou uma luta armada, uma verdadeira guerra civil, início de um conturbado período marcado pelas revoluções inglesas do século XVII, que iremos estudar no Capítulo 7.

4.7 – O Absolutismo no restante da Europa

4.7.1 – O Absolutismo na Espanha

A formação do Estado Moderno na Espanha apresenta um processo completamente peculiar, tendo em conta a invasão muçulmana da Península Ibérica, no século VIII, bem como a secular Guerra da Reconquista, só finalizada com a conquista de Granada, último reduto muçulmano na Espanha, pelos reis católicos Fernando de Aragão e Isabel de Castela.

A Espanha se constituiu como uma sociedade em combate permanente, em um sentimento de cruzada e com um caráter singularmente cristão. Assim, a pureza do sangue e a fé católica tronaram-se marcas da identidade espanhola. Muçulmanos e judeus foram expulsos ou obrigados a se converterem. Esse processo foi supervisionado pela Igreja ou, mais precisamente, pela Inquisição.

Ao apoiarem a expedição de Cristóvão Colombo, em 1492, os reis católicos ampliaram seus interesses. No século XVI, a Espanha transformou-se em um império intercontinental que abarcou Portugal, durante a União Ibérica entre 1580 e 1640, parte da Itália, Holanda e uma enorme área do Novo Mundo, graças ao Tratado de Tordesilhas de 1494.

A conquista espanhola no Novo Mundo, efetuada por fidalgos, isto é, membros da baixa nobreza, como Cortez, garantiu apoderar-se de um imenso tesouro de ouro e prata, que proporcionaram a hegemonia na Europa.

O casamento dinástico constituiu um aspecto crucial da política externa de Fernando e Isabel, sendo exemplo o casamento de uma das filhas dos reis católicos, Joana (apelidada a Louca) com Felipe, o Justo (filho de Maximiliano da Áustria). O filho desse casamento, Carlos, herdou o reino de Fernando e Isabel, em 1516. Por meio de seus outros avós, também herdou a Áustria, a Holanda, a Sardenha, a Sicília, o reino de Nápoles e o Franco Condado. Em 1519, Carlos V foi também eleito imperador do Sacro Império Romano-Germânico. Era o soberano mais poderoso de seu tempo.

Sob a Dinastia Habsburgo, a Espanha viveu uma era de ouro, apoiada em uma aristocracia que controlava a burocracia e o exército.

A Reforma Protestante constituiu um desafio ao poder dos Habsburgos, pois envolveu a Espanha em conflitos contra a Europa protestante.

O grande fluxo de metais preciosos transferidos do Novo Mundo para a Espanha a tornaram uma grande potência no século XVI, porém a disponibilidade de metais foi prejudicial, a longo prazo, à economia espanhola. Não houve incentivo para o desenvolvimento manufatureiro. Ao mesmo tempo, as guerras frequentes criaram o fortalecimento de um setor militar, que inibiu o florescimento de uma classe comercial.

Em 1556, Carlos V abdicou dividindo seus domínios entre seu irmão Fernando, o qual passou a liderar os Habsburgos austríacos, e seu filho Felipe, que herdou a parte correspondente à Espanha.

O reinado de Felipe II foi marcado pela profunda influência dos fatos relativos à Contrarreforma Católica. O monarca se engajou de maneira ativa na defesa do Catolicismo, o que influenciou sua política externa.

A partir de 1560, teve início uma revolta na Holanda. O sentimento antiespanhol era estimulado pelo desemprego, pelos altos impostos e pela excessiva burocracia. O descontentamento era aguçado pela propagação do protestantismo calvinista. Felipe II promoveu uma campanha militar brutal para derrotar os "rebeldes hereges". A intervenção foi um fracasso e custou a perda da Holanda, centro industrial e comercial do Império Espanhol.

No século XVI, o Império Turco-Otomano viveu seu apogeu tanto em extensão territorial como de poderio e prosperidade. Os turcos chegaram a cercar Viena e promoveram ataques na região da Baviera, produzindo pânico na cristandade europeia. A defesa do Mediterrâneo foi liderada pela Espanha, que obteve em 1571 a grande vitória naval de Lepanto, onde foi derrotada a armada turca.

O governo de Felipe II considerava a Inglaterra como um perigo que ameaçava os carregamentos que transportavam riquezas do Novo Mundo para a Espanha. O projeto da Invencível Armada exprimia o desejo espanhol de acabar definitivamente com a ameaça. A derrota da Invencível Armada, em 1588, abriu o caminho para o poderio marítimo inglês.

O declínio da Espanha se consumaria com a derrota na Guerra dos Trinta Anos (1618-1648), quando os Habsburgos foram derrotados pela França, que apoiou os protestantes. Com a Paz de Vestfália, em 1648, a Espanha reconheceu oficialmente a independência da Holanda, além de romper os laços com o ramo austríaco da família.

4.7.2 – O Sacro Império Romano-Germânico

Sua origem remonta ao século X, quando Oto I, tentando reviver o império de Carlos Magno, foi coroado imperador. O Sacro Império Romano-Germânico, também chamado de *I Reich* alemão, era um mosaico de principados, ducados, condados de língua alemã. Ao longo da Idade Média, vários imperadores lutaram para dominar a rica Península Itálica e confrontaram a autoridade de vários papas. Enquanto isso, a nobreza alemã ampliava e consolidava seu poder sobre os camponeses e sobre várias cidades. Esse poder da nobreza local tornou-se um obstáculo à unidade alemã.

Na época medieval e no início da História Moderna, os imperadores dependiam da nobreza e de líderes eclesiásticos, porque o cargo de imperador era eletivo, e não hereditário. Todos os principados pertenciam ao império; entretanto, consideravam-se autônomos. Havia uma forte tendência descentralizadora.

No final do século XV e no século XVI, com a História Moderna e, com os Habsburgos, o poder imperial tornou-se hereditário. Sob Maximiliano I (1493-1519) e Carlos V (1519-1556), o Sacro Império Romano-Germânico poderia ter alcançado uma grande unidade e centralização de poderes, equivalente aos da França e da Espanha, porém a Reforma Protestante, iniciada em 1517, ampliou as tendências de autonomia local. A nobreza alemã usou a reforma como justificativa para reafirmar seus interesses. Exatamente quando Carlos V teria de agir para conter a propagação do luteranismo, os Habsburgos combatiam contra a França por territórios italianos.

Em 1555, a Paz de Augsburgo colocou fim ao conflito religioso. O Imperador Carlos V havia sido derrotado pelos príncipes luteranos. O Sacro Império continuou fragmentado politicamente, e agora também religiosamente. O projeto de um Estado Nacional Alemão centralizado jamais foi alcançado pelos Habsburgos.

Quando o Imperador Carlos V abdicou, em 1556, entregou uma parte de seus domínios ao filho Felipe, e outra parte ao seu irmão, Fernando. Felipe herdou a Espanha, as ilhas do Mediterrâneo, o sul da Itália e os Países Baixos (Bélgica e Holanda), enquanto Fernando ficou com a Áustria e o Sacro Império. Assim, surgiram dois ramos da família Habsburgo, que, no século XVII, definiam seus interesses em comum e com frequência travavam guerras em conjunto.

Dessa forma, ocorreu no século XVII a Guerra dos Trinta Anos. O conflito teve início quando o imperador, Habsburgo, Mathias I enviou dois representantes seus para a Boêmia (parte da atual República Tcheca) para dificultar o avanço do protestantismo calvinista na região. Os nobres boêmios, revoltados, jogaram os dois embaixadores imperiais pelas janelas do palácio real de Praga. O fato tornou-se conhecido como a Defenestração de Praga.

Inicialmente um conflito limitado ao espaço do Sacro Império, a guerra foi envolvendo vários outros Estados. A entrada da França na guerra, ao lado dos protestantes, contra os Habsburgos, levou a Espanha a declarar guerra à França.

Depois de se arrastar entre 1618 e 1648, a Guerra dos Trinta Anos chegou ao seu final com o Tratado de Vestfália. Para os alemães, a guerra e o tratado estabelecido foram prejudiciais. A fragmentação territorial e política foi mantida, o território foi devastado pela guerra, havia fome e os sofrimentos reduziram a população à metade.

Capítulo 5

A COLONIZAÇÃO EUROPEIA NA AMÉRICA

5.1 – A população indígena

Quando da chegada dos europeus ao continente que seria batizado de América, o lugar já era habitado por uma população que se estima entre 40 e 80 milhões de pessoas.

O contato com os europeus, a partir do século XV, significou o início da destruição da maioria das organizações sociais, culturais e políticas existentes. Os conquistadores europeus confiscaram as terras indígenas, sua liberdade e suas vidas. Mais de metade da população nativa que então habitava o continente foi morta em menos de um século de colonização.

Uma questão preliminar que pode ser colocada diz respeito à origem dessa população, se autóctone (o homem americano seria originário do próprio continente) ou alóctone (o homem americano teria vindo de outro continente). A teoria aceita atualmente é a de que o povoamento do continente ocorreu por sucessivas ondas migratórias. Os primeiros povoadores seriam mongólicos que teriam atravessado o estreito de Bering vindos da Sibéria para o Alasca, seguidos por outras correntes migratórias, como australoides (que vieram pela Antártida), melanésios e polinésios vindos por via marítima, pelo Pacífico.

Estudos de arqueologia situam as primeiras migrações entre 40 mil e 10 mil anos antes de Jesus Cristo. As sociedades indígenas pré-colombianas desenvolveram diferentes formas de vida material e cultural.

Quando, no século XVI, os conquistadores espanhóis iniciaram a pilhagem dos recursos materiais e a destruição cultural do Novo Mundo encontrado por Colombo, defrontaram-se com um grande número de povos, com modos de vida bastante diversos e basicamente com dois tipos de formações sociais: de um lado, as civilizações como a dos astecas, maias e incas; de outro lado, sociedades de caçadores ou pescadores, coletores e agricultores primitivos.

Em tempos remotos, nas áreas de florestas, grupos humanos se dedicavam à caça e à coleta. A passagem para a atividade agrícola implicou a maior sedentarização dos grupos humanos, tendo por base a aldeia.

Em áreas como o planalto mexicano, a irrigação foi fundamental para a expansão da agricultura. As técnicas de irrigação favoreceram o cultivo de milho, feijão e abóbora, que se tornaram base da alimentação desde a América do Norte até o Chile, antes da chegada dos europeus. Nas terras baixas tropicais úmidas da América Central e do Sul, deu-se mais atenção ao cultivo de raízes como a mandioca.

Na região da Península de Iucatã e por quase toda a Guatemala e parte de Honduras, floresceu a civilização maia, que apresentava uma economia agrícola baseada na produção do milho. A terra era cultivada coletivamente, e os camponeses pagavam tributos. Os maias criaram um sistema de contagem de tempo, um calendário, tendo realizado estudos de Astronomia, entre 900 e 1200.

A partir de 1200, os astecas – ou *mexicas*, como se autodenominavam – estabeleceram-se no Vale do México, onde formaram um grande império baseado na conquista militar. Seus domínios se estendiam do norte do México até a Guatemala, ao sul, e do oceano Pacífico até o Atlântico.

Entre os astecas, a base da economia era a agricultura, que incluía o cultivo do milho – o principal alimento –, além de feijão, abóbora, tomate, algodão e tabaco. Foi desenvolvido um engenhoso sistema de irrigação conhecido como *chinampa* ou "jardim flutuante", que era uma ilha artificial feita por acumulação de lama das margens pantanosas do lago, mantida por troncos de árvores cujas raízes mantinham a terra aglomerada. A terra era possuída coletivamente pela tribo. O cultivo de plantas era complementado pela caça. As comunidades de aldeia, chamadas *calpulli*, eram autossuficientes e sujeitas ao pagamento da renda da terra, sob a forma de um imposto coletivo pago ao Estado. Os camponeses podiam ser recrutados para trabalhos coletivos na construção de estradas e templos. Era uma forma de exploração do trabalho chamada de servidão coletiva, que não supunha nem a escravidão nem a dependência a um indivíduo determinado. Nas aldeias, havia um artesanato doméstico voltado à produção de cerâmica, tecidos, utensílios e joias.

A sociedade era rigidamente hierarquizada entre os astecas. O governante, semidivino, situava-se no topo da escala social, seguido pela aristocracia (chefes militares, sacerdotes e altos funcionários do Estado), pelos artesãos, pelos comerciantes, pelos camponeses e pelos prisioneiros de guerra escravizados.

Em termos políticos, os astecas viviam sob uma monarquia em que o governante era o chefe dos guerreiros. Era uma monarquia de caráter teocrático e militar.

Os astecas cultivavam vários deuses, e o pensamento religioso ocupava posição relevante. Havia o deus da chuva, o da guerra, o do Sol. Os sacerdotes se encontravam em posição importante na sociedade e conduziam cerimônias em que sacrifícios humanos desempenhavam uma função ritual para conduzir as forças da natureza a ações favoráveis aos homens.

Entre os astecas, a arquitetura e a escultura foram as principais manifestações no campo da arte, das quais a Grande Pirâmide de Tenochtitlán e o Palácio de Montezuma são exemplos.

Outra civilização floresceu na Área Andina, que abrange o Equador (ao norte), o Peru, as terras altas da Bolívia e o litoral chileno (ao sul). É uma região de grandes contrastes, com áreas desérticas próximas ao litoral, densas florestas, vales profundos e elevados altiplanos. Foi nessa região que se formou a civilização inca.

Os incas ocupavam, no século XV, um vale fértil onde ergueram Cuzco, sua capital. Originalmente viviam em clãs (*ayllus*), núcleo social básico do antigo Peru, formado por indivíduos aparentados. Cada comunidade possuía terras, pastos e bosques comuns. O trabalho era coletivo, e o *ayllu* era autossuficiente.

Ao controlarem a Área Andina, os incas passaram de moradores de aldeias agropastoris para integrantes de um império com uma economia mais complexa. A terra pertencia ao Estado, assim como os rebanhos e as minas. Os camponeses dos *ayllus* trabalhavam coletivamente a terra, que era dividida em propriedades do Estado (imperador), do Sol (sacerdotes) e da comunidade (*ayllu*).

A exploração dos camponeses pelo Estado ocorria pela instituição da mita, ou seja, a obrigatoriedade de fornecer trabalho gratuito nas obras públicas (construção de templos, canais de irrigação e estradas) e nas minas. Os artesãos urbanos estavam isentos da mita.

Entre os incas, a sociedade era rigidamente hierarquizada. No alto da escala social havia o imperador – que recebia a denominação de Inca –, considerado proprietário das terras do império. Os parentes do Inca formavam a aristocracia, que compunha a burocracia administrativa e integrava o clero (sacerdotes). Essa aristocracia desfrutava de privilégios (como a isenção de imposto). A aristocracia recebia doações de terras, porém dispunha apenas do usufruto e não podia vender a terra. Abaixo, a sociedade ainda era composta por artesãos, militares, camponeses e escravizados.

Do ponto de vista político, o Estado inca era uma monarquia teocrática. O imperador, considerado como um deus, era o governante supremo, comandante militar e supremo legislador, sendo seu cargo hereditário.

O Império Inca era dividido em várias províncias em que vivia grande número de povos com diferentes línguas e costumes.

Em termos religiosos, os incas adoravam várias divindades. Havia o culto ao Sol – Inti –, considerado o deus mais popular e ancestral da dinastia real. Numerosos templos eram a ele dedicados, sendo o mais imponente localizado em Cuzco. Os incas cultuavam, ainda, outras forças da natureza, como a Lua, a terra, o mar, as estrelas, o trovão. Havia também o culto a Viracocha, o "criador do universo".

A arte inca teve na arquitetura seu maior destaque. Grandes construtores ergueram edifícios como palácios, templos, fortalezas, aquedutos e canais, especialmente em Cuzco e em Machu Picchu, importante centro urbano localizado nas montanhas.

Em relação ao território do Brasil, quando os europeus aqui chegaram, logo identificaram que grande parte do litoral – como as partes do interior às quais se tinha mais acesso – encontrava-se habitada por uma população cujas estimativas oscilam entre 2 e 4 milhões de indivíduos.

No início do século XVI, a faixa litorânea que se estende do Rio Grande do Norte ao Rio Grande do Sul, com uma largura de cerca de 200 quilômetros, exibia a exuberante Mata Atlântica. Essas regiões possuíam clima ameno, rios piscosos e ricas flora e fauna. As terras eram próprias para a agricultura e favoráveis à ocupação humana.

A população que habitava essa região poderia ser subdividida em dois grandes blocos: os tupis-guaranis e os tapuias. Os tupis-guaranis estendiam-se por quase toda a costa brasileira. Os tupis, também denominados tupinambás, dominavam a faixa litorânea do Norte até Cananeia, no sul da região do atual estado de São Paulo; os guaranis localizavam-se na Bacia do Paraná – Paraguai e no trecho do litoral entre Cananeia e o extremo sul do Brasil.

Havia uma semelhança de cultura e de língua entre os diversos grupos que integravam o tronco linguístico tupi-guarani; o outro bloco indígena era o dos tapuias. Essa denominação era dada a grupos diferenciados socialmente do padrão tupi, sendo indígenas que falavam outra língua.

Em geral, os grupos tupis (tupiniquins, tupinambás, caetés, tamoios) praticavam caça, pesca, coleta de frutas e agricultura. A técnica agrícola era simples e consistia na coivara. Antes das chuvas, os homens abriam uma grande clareira e deixavam secar por alguns dias ou semanas as árvores e os galhos abatidos. Em seguida, lançavam fogo. Era a queimada.

As mulheres limpavam e preparavam superficialmente os terrenos onde plantavam mandioca, batata-doce, vagens, amendoim, abóbora, abacaxis e bananas. O principal produto era a mandioca, cuja farinha tornou-se alimento básico no tempo da colonização. As mulheres cuidavam das plantações. A economia era basicamente de subsistência.

Os tupis viviam em aldeias circulares – tabas – com uns 350 moradores e 4 a 7 grandes residências coletivas retangulares, as malocas. Em cada uma delas, viveriam uns 50 indivíduos. Cada maloca tinha um principal. As aldeias podiam ter um ou mais chefes, o morubixaba.

Os tupis construíam jangadas – canoas cavadas em troncos de árvores –, conheciam a cerâmica e a cestaria e produziam armas e instrumentos domésticos e musicais.

Os conquistadores, decididos a submeterem as populações indígenas, buscavam justificativas para sua ação e alegavam que os nativos eram diferentes, "inferiores" e portadores de hábitos estranhos que impressionaram os europeus, como tatuar o corpo (pintando com jenipapo e urucum) e furar o lábio inferior para colocar objetos de pedra, osso ou madeira. O hábito que maior perplexidade produziu entre os europeus foi a antropofagia. Ao visitarem algumas aldeias, os portugueses viram aterrorizados membros humanos sendo preparados nos fumeiros e caldeirões e cativos esperando para serem devorados em futuros banquetes. Os cativos eram aprisionados, guardados, engordados, vigiados, executados, despedaçados, defumados, assados ou cozidos e devorados em festa. Estudos de Antropologia revelam que a antropofagia não era um mero recurso alimentar, mas um ritual de fundo social, guerreiro e mágico.

5.2 – A colonização portuguesa

A colonização portuguesa da América foi um desdobramento da expansão comercial e marítima empreendida pela monarquia lusitana. A colonização resultou dos interesses da coroa, a que se associou a Igreja, bem como dos comerciantes, aventureiros em busca de riqueza e nobres com cargos no governo. Em pleno Mercantilismo, as relações entre os reinos e as colônias obedeciam ao Pacto Colonial, de maneira que a metrópole – neste caso, Portugal – dispunha do monopólio do comércio de sua colônia.

Nas três primeiras décadas, posteriores à chegada de Pedro Álvares Cabral ao Brasil, os contatos dos portugueses com a América foram limitados. Algo que chamou a atenção dos portugueses foi a existência de grande quantidade de pau-brasil na Mata Atlântica. Esse produto era conhecido dos europeus desde as cruzadas, quando fora trazido do Oriente. Era utilizado como matéria-prima auxiliar nas manufaturas têxteis, pois fornecia um corante avermelhado. A partir da exploração desse produto é que se deu o nome de brasileiros aos comerciantes do pau-brasil.

O crescimento da presença de comerciantes estrangeiros, sobretudo franceses, na chamada costa do pau-brasil, ao lado dos gastos cada vez mais elevados para a manutenção da frota que garantia os interesses portugueses na Índia, afetava os lucros lusitanos no Oriente. Assim, com D. João III, conhecido como O Colonizador, teve início a colonização efetiva do Brasil. Foi adotado o sistema de capitanias hereditárias com a doação de terras, transferindo aos particulares as despesas da colonização. Os portugueses repetiam a experiência empregada com sucesso na exploração das ilhas do Atlântico (Madeira, Açores, Cabo Verde). Do ponto de vista econômico, a cultura da cana-de-açúcar funcionou como atividade predominante na segunda metade do século XVI e durante o século XVII.

A colonização do Brasil ocorreu de acordo com uma estrutura que se apoiava no latifúndio, na monocultura, no trabalho escravo e na produção para o mercado externo.

Os latifúndios canavieiros, conhecidos como engenhos, originaram-se com as doações de sesmarias pelos donatários das capitanias hereditárias. A grande plantação colonial tinha por finalidade, segundo os interesses do capital mercantil europeu, produzir gêneros agrícolas tropicais para o mercado externo. Seguindo esta finalidade, especializou-se em um só produto (monocultura), ou seja, no que era exigido pelo mercado europeu. O financiamento, o refino e a distribuição do açúcar produzido pelos portugueses contaram com a participação de banqueiros e mercadores holandeses.

A solução para a necessidade de mão de obra para a lavoura canavieira veio com o emprego do trabalho escravo. Inicialmente, foram utilizados indígenas, mas em seguida passou-se a usar os africanos. O uso do trabalho de indígenas e sua escravização romperam as relações amistosas entre portugueses e indígenas dos primeiros contatos. Os missionários jesuítas contrapunham-se à escravização dos indígenas e os reuniam em aldeamentos conhecidos como missões, onde transmitiam os ensinamentos cristãos e erradicavam tradições como poligamia, antropofagia e a crença nos poderes do pajé. Era uma maneira de desmantelar as tradições culturais dos indígenas, destribalizando-os. Ao mesmo tempo, os contatos mais frequentes entre indígenas e brancos facilitaram a expansão de epidemias, aumentando consideravelmente a mortalidade dos nativos e contribuindo para a fuga de tribos para o interior. Com o tempo, apesar de o trabalho de indígenas continuar ocorrendo em atividades complementares até o século XVIII, o trabalho de africanos escravizados predominou. O direito de explorar o tráfico negreiro era cedido pelo rei a companhias particulares mediante pagamento significativo.

A escravização de africanos era duplamente lucrativa, favorecendo, ao nível da circulação, a acumulação por parte da burguesia traficante, e, ao nível da produção, beneficiando a aristocracia colonial. Assim, compreende-se que a opção pela escravização dos indígenas tenha sido preterida, pois seria um negócio local, interno.

Ao nível administrativo, a utilização do sistema de capitanias hereditárias se mostrou inadequado, entre outras razões, por sua descentralização. Dessa forma, a criação, em 1548, do governo-geral, solucionou a questão da ausência de um centro político administrativo e militar na colônia. No plano local, o poder de fato era exercido pelas câmaras municipais. Seus membros, escolhidos entre os aristocratas locais, eram os chamados "homens bons". Sua autoridade tinha alcance restrito aos assuntos administrativos das vilas.

Até o final do século XVII e o começo do XVIII, toda a vida econômica da colônia estava concentrada no Nordeste. Com a descoberta de ouro na região de Minas Gerais, as atenções foram mudando do Nordeste para o Centro-Sul.

O século XVIII foi um período de transformações. A descoberta de ouro e a essência metalista do Mercantilismo atraíram uma população numerosa para a região das minas, gente ansiosa por encontrar ouro e enriquecer. As atividades agrícolas, na região mineradora, foram relegadas a um segundo plano, produzindo uma alta de preços de gêneros alimentícios. A formação de vilas ao redor dos garimpos originou a formação de um comércio de abastecimento dessas populações, levando à formação de um mercado de consumo que antes praticamente não existia. Como o Rio de Janeiro era um importante centro fornecedor de gêneros para a região mineradora e de escoamento do ouro, em 1763 a capital da colônia foi transferida de Salvador para o Rio de Janeiro. Para interligar a região das minas ao Rio de Janeiro, foram construídas estradas.

Em termos sociais, a rígida estrutura da sociedade canavieira, composta basicamente por senhores de engenho (aristocracia rural) e pessoas escravizadas, passou por alterações, sobretudo pelo caráter urbano. Cresceu o número de artesãos, comerciantes, intelectuais, padres e funcionários públicos que constituíram uma camada social intermediária entre os grandes proprietários de minas e as pessoas escravizadas. Foi florescendo uma sociedade com maior mobilidade e flexibilidade.

A riqueza extraída das minas incentivou a produção cultural na colônia: a música, as artes em geral e a arquitetura barroca desenvolveram-se consideravelmente, como revelam as igrejas mineiras do século XVIII.

Você pode imaginar que, com a riqueza que era retirada do Brasil, no século XVIII, Portugal fosse uma nação rica, mas a realidade era outra. Os palácios e as igrejas que eram erguidos e os gastos com uma corte luxuosa transmitiam uma impressão de solidez, porém o ouro brasileiro era utilizado pelo governo lusitano para pagar as manufaturas importadas da Inglaterra. Uma série de tratados firmados entre Portugal e Inglaterra, como o Tratado de Methuen, também conhecido como Tratado dos Panos e Vinhos, assinado em 1703, configuraram a supremacia inglesa e a dependência de Portugal em relação à Inglaterra.

5.3 – A colonização espanhola

Após os primeiros contatos com a terra encontrada por Colombo, os espanhóis iniciaram a colonização ocupando a ilha de Hispaniola, nas Antilhas – onde hoje se encontram dois países centro-americanos, o Haiti e a República Dominicana –, prosseguindo com a conquista de Cuba, entre 1509 e 1514.

A região do México foi outro alvo de ações espanholas. Hernán Cortez chegou à região em 1519, com 11 navios, 100 marinheiros e 600 soldados, 10 canhões e 16 cavalos. Começou por dominar os tlaxcaltecas, a quem se aliou para enfrentar os astecas que os oprimiam. Com o tempo, outros grupos descontentes com os astecas aliaram-se aos espanhóis. A região passou a ser chamada de Nova Espanha.

Na América do Sul, o principal alvo das atenções dos espanhóis foi a região do Peru. Ali havia o Império Inca, um mosaico de povos heterogêneos com seu centro em Cuzco. Sob a liderança de Francisco Pizarro e Diego de Almagro, os espanhóis iniciaram a conquista da região, em 1532, quando Pizarro prendeu e executou o imperador Atahualpa. No entanto, os incas só foram completamente derrotados em 1572.

A conquista espanhola foi obra de indivíduos pertencentes à pequena nobreza, os chamados fidalgos, para quem o Novo Mundo se apresentava como a oportunidade de obter títulos, terras e outras riquezas.

A participação da coroa na conquista foi reduzida e ocorreu por iniciativa particular mediante o sistema de capitulações, ou seja, contratos em que a coroa concedia permissão para explorar, conquistar e povoar terras. Era uma fórmula jurídica com origem no Direito Medieval Ibérico que fixava direitos e deveres recíprocos.

Subordinada à política mercantilista e aos interesses do capital mercantil, a colonização espanhola, influenciada pelo metalismo, teve na mineração, em especial da prata e do ouro, sua principal atividade. Desenvolvida em regiões como o México, o Peru e sobretudo nas minas do Potosí, na atual Bolívia, acarretou a retirada de toneladas de ouro e prata do continente americano, situação que permitiu à Espanha exercer a hegemonia na Europa no século XVI.

A mineração era a atividade principal, porém a produção de gêneros alimentícios e matérias-primas voltadas para o abastecimento da região mineradora também foram desenvolvidas. No século XVIII, após a crise da economia mineradora, a região do Caribe e a região do Rio da Prata tornaram-se áreas de grandes propriedades rurais exportadoras que empregaram mão de obra escrava. Outra atividade praticada era a pecuária, com a criação de gado na região platina, o que permitia o envio de couro, sebo e charque à Europa. A produção, o transporte e a distribuição dos produtos eram feitos sob o domínio de comerciantes europeus.

Para organizar o emprego da mão de obra indígena na região mineradora, foram adotadas a *mita* e a *encomienda*.

A *mita* era o trabalho compulsório das comunidades indígenas na economia mineradora em condições precárias durante quatro meses. Os indígenas eram escolhidos por sorteio em suas comunidades, e nesse período, o indígena *mitayo* recebia um salário bem inferior ao de um trabalhador livre. A *mita* era uma instituição de origem inca, adaptada pelos espanhóis de acordo com seus interesses. Ela se assemelhava ao *cuatequil* dos astecas. Um efeito perverso da *mita* era a deslocação dos *mitayos* a grandes distâncias de sua comunidade, provocando a morte de muitos durante seu período de trabalho compulsório e desorganizando a produção comunitária.

A *encomienda* era um tipo de trabalho forçado em que os indígenas eram confiados (encomendados) a um colonizador a quem pagavam tributo sob a forma de prestação de serviços. A coroa, de acordo com a legislação espanhola, reconhecia a propriedade privada do conquistador e encomendava-lhe uma certa quantidade de indígenas, os quais pagavam tributos ao *encomendero*, a quem prestavam serviços.

O comércio colonial era considerado monopólio da coroa, sendo controlado pela Casa de Contratação, criada em 1503, em Sevilha, tendo sido transferida para Cadiz, em 1717. Era o órgão encarregado de controlar o que se relacionava com a navegação e o comércio entre a Espanha e suas colônias na América. Havia um sistema de portos únicos, que, com o tempo, foi se tornando flexível, funcionando da seguinte maneira: na metrópole Sevilha e depois Cadiz, enquanto na América funcionava em Havana (Cuba), em Vera Cruz (México), em Cartagena (Colômbia) e em Porto Belo (Panamá). Toda essa regulamentação visava fiscalizar e defender as colônias de ataques de piratas e corsários, especialmente ingleses e franceses. Essas normas sofreram uma certa flexibilização no século XVIII.

A sociedade colonial espanhola era aristocratizada, rigidamente hierarquizada de maneira que a mobilidade social ascendente inexistia. O traço aristocrático, herança medieval, era o menosprezo pelo trabalho manual, considerado como desprovido de nobreza. Outro aspecto marcante era o privilégio dos elementos brancos, nascidos na Espanha ou na própria América. A sociedade colonial apresentava a seguinte hierarquia social:

- *chapetones*: brancos nascidos na Espanha e que desempenhavam funções nos altos cargos da administração, da justiça, das forças militares e da Igreja;
- *criollos*: brancos nascidos na América e que desempenhavam funções nos cabildos (correspondentes às câmaras municipais no Brasil colonial), além de atuarem como grandes proprietários de terra, arrendatários de minas, mercadores que atuavam no comércio interno e pecuaristas;
- mestiços: em sua maioria filhos de espanhóis e indígenas, que ocupavam funções intermediárias entre a aristocracia branca e uma população de indígenas e indivíduos que exerciam serviços humildes e menosprezados;
- indígenas: utilizados no trabalho das minas e nas fazendas, além de negros, trazidos da África, utilizados sobretudo na produção agrícola, existente predominantemente nas Antilhas.

Quanto ao aspecto administrativo, inicialmente a coroa concedeu amplos poderes aos particulares, os chamados *adelantados*, por meio das capitulações. O *adelantado* dispunha de amplos poderes militares e civis. Paulatinamente, à medida que a conquista foi expandindo, os domínios espanhóis e as riquezas existentes na América *hispânica* foram sendo reveladas e o governo espanhol foi criando órgãos estatais e anulando as concessões feitas aos *adelantados*.

Na Espanha, os principais órgãos da administração colonial eram a Casa de Contratação e o Conselho das Índias. A Casa de Contratação, com sede em Sevilha, tinha a finalidade de controlar o comércio colonial e cobrar impostos reais nas transações de metais preciosos. O Conselho das Índias tinha a suprema autoridade sobre todas as questões coloniais, abrangendo assuntos jurídicos, legislativos, militares e eclesiásticos.

Na América, os órgãos mais importantes da estrutura político-administrativa foram: os vice-Reinos, as audiências e os cabildos.

A América espanhola foi dividida em quatro vice-reinos: México (Nova Espanha), Nova Granada, Peru e Prata.

O vice-reino do México (Nova Espanha) abrangia territórios do México, o oeste norte-americano e regiões da América Central; o vice-reino de Nova Granada abrangia a Colômbia, o Panamá e parte do Equador; o vice-reino do Peru abrangia os territórios do Peru e partes da Bolívia e do Equador; o vice-reino do Rio da Prata abrangia os territórios da Argentina, do Uruguai, do Paraguai e parte da Bolívia.

Subordinadas aos vice-reinos, existiam algumas capitanias-gerais: Guatemala, Flórida, Cuba, Venezuela e Chile.

As audiências eram compostas por ouvidores nomeados pelo rei, sendo tribunais judiciários de última instância na América.

Os cabildos, ou *ayuntamientos*, eram as câmaras municipais e possuíam, em nível local, atribuições legislativas (elaboração das ordenações municipais), judiciárias e administrativas – estas últimas ligadas a obras públicas, abastecimento, segurança e economia popular.

A cultura colonial sofreu uma forte influência da Igreja Católica, principalmente dos jesuítas. Em pleno século XVI, tempo da Contrarreforma Católica, quando a perda de fiéis na Europa ocorria, o esforço católico dirigiu-se para a conversão da população indígena da América. Assim, a aliança entre a coroa e a Igreja sustentou o discurso colonizador sob a justificativa do "alargamento da fé". De qualquer modo, se por um lado a Igreja domesticava os indígenas, induzindo-os à submissão, por outro lado o Frei Bartolomeu de las Casas, um dominicano, teólogo e jurista reconhecido como grande defensor dos indígenas, denunciou as injustiças e o desrespeito aos povos nativos. Em 1534, o papa Paulo III editou a bula *Sublimis Deus*, documento que considerava os indígenas seres humanos, o que na prática não impediu espanhóis e portugueses de continuarem a matar e escravizar indígenas, o que era justificado com o argumento de "guerras justas", que permitia atacar os que impediam a expansão da fé.

A *Sublimis Deus* buscava proteger os indígenas reunidos nas missões jesuíticas, porém não proibia a escravização dos negros africanos, o que era admitido pelo próprio Bartolomeu de las Casas.

5.4 – A colonização inglesa

Foi com os monarcas da Dinastia Tudor que os ingleses promoveram viagens ao Novo Mundo, sendo que, no reinado de Elizabeth I, em 1584, Walter Raleigh recebeu permissão para colonizar a Virgínia, objetivo que fracassou devido aos ataques de indígenas aos colonizadores.

A partir do século XVII, sob o governo da Dinastia Stuart, a ação de companhias de comércio, como a de Londres e a de Plymouth, encarregaram-se da ação colonizadora. As mudanças econômicas que ocorriam na Inglaterra atingiam numeroso contingente populacional, tanto no campo quanto na cidade, e atraíram essa gente para a América em busca de terras.

À Inglaterra coube colonizar, no século XVII, a costa atlântica da América do Norte e algumas ilhas do Caribe que a Espanha não ocupara.

Na América do Norte, onde os ingleses estabeleceram 13 colônias, embora a maioria dos colonos fosse de origem inglesa, também havia irlandeses, escoceses, alemães e suíços que deixavam suas terras por dificuldades econômicas e perseguições político-religiosas.

O processo de colonização da América do Norte, explorada pelos ingleses, no que foi o embrião dos Estados Unidos, ocorreu marcado por uma distinção notória entre as colônias do Norte e as do Sul.

Nas colônias do Norte, localizadas em regiões de clima temperado, conhecidas como Nova Inglaterra, a colonização foi impulsionada pela chegada de puritanos (calvinistas) perseguidos na Inglaterra. Os pioneiros chegaram a bordo do Mayflower e desembarcaram nas costas de Massachusetts, onde fundaram New Plymouth, em 1620. Na região de Massachusetts, foram surgindo cidades como Boston e Salem. Ao norte, se desenvolveram colônias de povoamento em que a agricultura era praticada em pequenas propriedades trabalhadas pelos proprietários e suas famílias ou por servos, mediante contrato. A necessidade de produzir para o próprio sustento dos colonos contribuiu para a policultura. Plantavam-se favas, batatas, milho, trigo, centeio, aveia e frutos. Criavam-se animais, como vacas, porcos, carneiros e ovelhas. A madeira abundante permitiu a instalação de estaleiros que produziam embarcações utilizadas pelos próprios colonos.

As colônias do sul se localizavam em regiões de clima quente e solo rico, propícias para a produção de cultivos tropicais, em que se estabeleceu a economia de *plantation*, isto é, a grande propriedade agrícola baseada no trabalho de negros escravizados, monocultura e com a produção voltada para o mercado externo. Assim, essas colônias forneciam produtos agrícolas para a metrópole e consumiam manufaturados (tecidos, mobília) da metrópole. O modelo de *plantation* contribuiu para a formação de uma sociedade aristocrática e rigorosamente estratificada.

Do ponto de vista administrativo, as 13 Colônias eram independentes entre si, e cada uma delas tinha um governador inglês, representante do rei, além de uma assembleia eleita pelos homens livres, isto é, pelos colonos que podiam votar ou ser votados – ou seja, os proprietários de terras. Essas assembleias coloniais votavam os tributos, faziam as leis locais e fixavam os impostos.

A partir do século XVIII, intensificaram-se as restrições mercantilistas às 13 Colônias, ocorrendo um arrocho tributário que desagradou aos colonos, inspirando ideias emancipacionistas.

Na região da América Central, na segunda metade do século XVII, a Inglaterra dominou a Jamaica e outras ilhas espanholas no Caribe. Essas ilhas, nas Antilhas, tornaram-se terras produtoras de açúcar. Nessa região, da mesma forma que no sul das 13 Colônias, foi instalada uma economia de *plantation*.

Na região do Canadá, a exploração do comércio de peles e a pesca motivaram conflitos entre colonos ingleses e franceses, que desembocaram em 1756 na Guerra dos Sete Anos entre a França e a Inglaterra. A derrota dos franceses transferiu para a Inglaterra terras no Canadá e no Caribe.

A Guerra dos Sete Anos (1756-1763), com a vitória inglesa, trouxe problemas entre colonos e indígenas. Os colonos aspiravam o direito de ocupação de territórios entre os montes Apalaches e o Rio Mississipi, áreas tradicionais em que viviam grandes tribos indígenas, o que originou intensos conflitos.

Em termos culturais e educacionais, surgiram diversas instituições de caráter superior. Havia uma preocupação de formar líderes religiosos que zelassem pela instrução. Assim, no século

XVIII, já estavam instaladas instituições de ensino superior como Harvard, Yale, Princeton e Columbia.

5.5 – A colonização francesa

Como você já sabe, a França se lançou na expansão comercial e marítima atrasadamente em relação aos portugueses e aos espanhóis. Os franceses estiveram envolvidos em questões como a Guerra dos Cem Anos, até o século XV, e em lutas religiosas entre católicos e protestantes calvinistas (huguenotes) no século XVI.

No século XVI, conforme já estudamos, ocorreram as expedições de Verrazano e Cartier para a América do Norte, que atingiram a Terra Nova, no Canadá. Na região do Rio São Lourenço, foi estabelecida uma intensa atividade pesqueira. Esse lugar foi denominado Nova França e serviu de núcleo de uma colonização que se desenvolveu no século XVII.

Na América do Sul, em 1555, ocorreu uma invasão francesa na região onde hoje existe o Rio de Janeiro. Idealizada pelo almirante Gaspar de Coligny, calvinistas franceses tentaram fundar uma colônia que batizaram de França Antártica. A invasão foi comandada por Nicolau Durand de Villegagnon e fracassou, tendo os franceses sido expulsos pelos portugueses.

No século XVII, Samuel Champlain empreendeu a exploração do Canadá. Na primeira metade desse século, foram fundadas localidades como Port Royal, no litoral do Atlântico, Quebec e Montreal, nas margens do Rio São Lourenço. Para o Canadá, foram enviados colonos franceses que se ocupavam basicamente da caça, da pesca e da extração de madeiras.

Em 1612, os franceses invadiram mais uma vez o litoral do Brasil. No Maranhão, onde fundaram São Luís, tentaram criar uma colônia batizada de França Equinocial. O empreendimento fracassou, e os franceses foram expulsos em 1615.

No Canadá, os franceses estabeleceram acordos com tribos indígenas, como os algonquinos, os otawas e os hurões, com os quais faziam o comércio de peles de castores e cervos que eram trocadas por bebidas alcoólicas. Um problema, entretanto, foi a relação com os iroqueses, tribo inimiga dos indígenas que negociavam com os franceses. As guerras contra os iroqueses foram um constante motivo de preocupação para a França, mesmo porque a Inglaterra procurava se aproveitar para atacar os interesses franceses no Canadá.

Sob o governo de Luís XIV, aconselhado por Jean Baptiste Colbert, os franceses exploraram a região do Mississippi, que foi alvo de uma expedição liderada por Cavellier de la Salle, em 1682, que deu origem a uma nova colônia francesa, a Luisiânia.

Nas Antilhas, região da América Central, no século XVII, os franceses se estabeleceram na Ilha de São Cristóvão. Com o tempo, seguiram-se a conquista de Martinica, Grenade, São Bartolomeu, São Martinho, Dominica, São Vicente e São Domingos (hoje Haiti). Gradativamente diversas ilhas foram sendo tomadas da Espanha, como Guadalupe, Santa Lúcia, Tobago.

Diferentemente da região do Canadá, onde a presença dos franceses assumiu o perfil de uma colonização de povoamento, as colônias antilhanas tornaram-se uma típica economia de *plantation*, isto é, com a predominância da grande propriedade agrícola, da monocultura, do uso de trabalho de escravizados e da produção destinada ao mercado europeu.

No século XVIII, a colônia francesa de Saint Domingue, atual Haiti, produzia o açúcar considerado o melhor do mundo.

5.6 – O Atlântico e as relações entre a Europa, a América e a África

No século XV, com a expansão comercial e marítima europeia, o Atlântico foi devassado, e assim o litoral ocidental da África bem como o continente americano foram integrados à história da Europa. Se na Antiguidade e na Idade Média o Mar Mediterrâneo cumpriu o papel de principal via marítima para os europeus, as chamadas Grandes Navegações transferiram para o oceano Atlântico o papel de eixo do comércio mundial.

Foram as águas do Atlântico que serviram de caminho para que os navios espanhóis transportassem o ouro e a prata de suas colônias para a Europa, tornando a Espanha a nação mais rica e poderosa do século XVI. Pelas águas do Atlântico, as embarcações portuguesas transportaram a madeira, o açúcar, o ouro e as pedras preciosas que do Brasil foram levadas para enriquecer o reino de Portugal.

A América explorada pelos reinos ibéricos, rica em metais preciosos e gêneros tropicais de alto valor no mercado europeu, foi alvo de uma colonização mercantilista que em um sistema de exploração a sujeitou a uma função de economia complementar dessas metrópoles europeias.

Na porção da América do Norte, onde se instalaram 13 colônias inglesas, nem todas viveram o sistema de colonização de exploração, pois na região setentrional floresceram colônias de povoamento, pouco interessantes para exploração mercantilista. Situação diferente ocorreu na região meridional, onde se estabeleceram propriedades agrícolas de exploração, produzindo (com mão de obra escrava de escravizados) para o mercado externo gêneros como tabaco e algodão, artigos que também chegavam ao continente europeu transportados pelo Atlântico.

A ação colonizadora, ocorrida entre os séculos XVI e XVIII na América Central por espanhóis, ingleses e franceses, explorou gêneros tropicais remetidos para o mercado europeu por via do Atlântico.

O funcionamento de um sistema colonial mercantilista que garantia o monopólio das metrópoles sobre suas colônias permitiu também que manufaturados europeus adentrassem nos territórios coloniais da América. O pacto colonial garantia a exclusividade do comércio colonial para sua respectiva metrópole, promovendo o acúmulo de capital no continente europeu.

Chegados ao continente americano em viagens que transpuseram o Atlântico, os primeiros europeus que desembarcaram no Novo Mundo mantiveram, inicialmente, contatos relativamente pacíficos com a população originária, situação que mudou na medida em que foi sendo instalada a propriedade agrícola monocultora – fazendas e engenhos de cana-de-açúcar. Se na América espanhola a mão de obra indígena foi utilizada em larga escala, no Brasil o mesmo não ocorreu. Os indígenas tinham um sistema de vida, uma cultura incompatível com o trabalho intensivo e compulsório imposto pelos europeus. Praticavam uma economia de subsistência sem preocupação com produtividade, armazenamento e excedentes, próprios do espírito mercantilista da colonização. Como você pode verificar, o insucesso do emprego do trabalho de indígenas escravizados não se deveu a sua preguiça ou porque fossem vadios. Outro aspecto que desestimulou o emprego do trabalho de indígenas escravizados foi a elevada mortalidade produzida pelo contato com os brancos, em razão de doenças como a gripe, o sarampo e a varíola, para as quais não tinham defesa biológica. Assim, como forma de resistência, fugiam e se embrenhavam cada vez mais para o interior, em áreas de difícil acesso, afastadas do litoral.

A necessidade de braços para o trabalho na lavoura conduziu à opção pelo emprego de africanos escravizados. A partir de meados do século XVI, cresceu a chegada de africanos ao Brasil colonizado pelos portugueses. Se, por um lado, Portugal era um país de população reduzida e incapaz de suprir a necessidade de braços para a lavoura canavieira; por outro lado, o emprego de africanos escravizados na lavoura de cana-de-açúcar já era utilizado pelos portugueses desde a colonização das ilhas do Atlântico, como Madeira e o arquipélago dos Açores, no século XV. Essa opção permitiu a obtenção de outra fonte de lucro aos europeus, o comércio de pessoas escravizadas que proporcionava elevada lucratividade. Por volta de 1550, em Portugal, já havia uma população de mouros escravizados (muçulmanos), capturados na região do Mediterrâneo, e negros adquiridos no litoral da África ocidental. No século XVI, o comércio de pessoas escravizadas já se constituía em atividade de alta lucratividade.

Os colonizadores tinham conhecimento de que muitos dos escravizados provinham de sociedades onde trabalhos com a metalurgia do ferro, a agricultura intensiva e a criação de gado eram praticados. Certos povos já cultivavam o algodão e produziam tecidos. Essas habilidades tornavam os africanos escravizados mais interessantes do que os indígenas, sem contar ainda que a produtividade dos africanos era bem maior, o que tornava o seu preço mais caro. Diversa em vários sentidos – clima, relevo, vegetação, hidrografia –, a África apresentava também povos que viviam em estágio primitivo.

Os portugueses, ao explorarem as costas atlânticas da África no século XV, foram batizando as regiões e os acidentes geográficos que encontravam de acordo com seus interesses. Assim, foram sendo batizados Costa da Malagueta, Camarões, Costa do Marfim e Costa dos Escravos (faixa litorânea dos atuais Togo, República do Benin e Nigéria). Nessa região, formou-se um dos maiores polos fornecedores de escravizados que foram transferidos para a América. Outro trecho do litoral foi batizado de Costa do Ouro, ou Costa da Mina. Ali chamou a atenção dos portugueses que os habitantes usavam adornos de ouro, o que explica o nome que batizou a região. Lembre-se: você já sabe que o metalismo era uma das prioridades da expansão mercantilista; portanto, a região atraiu o interesse dos lusitanos.

Foi na região da Costa do Ouro que os portugueses ergueram a fortaleza de São Jorge da Mina, em Gana, o primeiro grande entreposto de escravizados e ouro na costa da África.

Durante o século XV, o comércio de africanos escravizados foi controlado pelos portugueses. No século XVI, os lusitanos empenharam-se por estabelecer um monopólio sobre essa atividade, porém espanhóis, ingleses, franceses e holandeses foram rompendo o predomínio dos portugueses. No processo, ocorreram pirataria, ação de corsários e disputa pelo tráfico, que, no século XVII, já não era dominado por Portugal. Em 1637, os holandeses conquistaram a fortaleza de São Jorge da Mina, transformando-a em fornecedora de escravizados para o Nordeste do Brasil, na época sob ocupação da Holanda.

Na África, reis, chefes e oligarquias locais poderosas participaram do comércio de prisioneiros, capturando cativos em guerras contra povos inimigos e vendendo-os aos europeus. A escravidão era praticada nas sociedades africanas há muitos séculos. A possibilidade de obter mão de obra de escravizados no litoral africano logo interessou aos europeus. Na própria Europa, a escravidão foi praticada em importantes civilizações da Antiguidade, como na Grécia e em Roma, mas foi desaparecendo na Idade Média por conta da condenação da Igreja Católica à escravização de cristãos.

O que a escravidão praticada na História Moderna apresenta de inédito é a organização de um negócio, o tráfico negreiro, que se tornou o maior e mais internacional dos negócios do mundo até então. A quantidade de interesses envolvia milhares de pessoas, como comerciantes, armadores de navios (estaleiros), empresários de seguros, funcionários que supervisionavam e tributavam os negócios, além de uma rede de colaboradores africanos. Os traficantes contavam com um sócio importante no tráfico negreiro: a coroa. Além de fornecer mão de obra para lavouras e minas da América, o comércio de escravizados proporcionava arrecadação de impostos para o tesouro real. O tráfico de pessoas escravizadas no Atlântico foi a maior migração forçada por via marítima em toda a história.

Aqui você pode perguntar: de que lugar da África vieram os negros trazidos compulsoriamente para a América? A que povos pertenciam? A resposta é que basicamente foram trazidos negros de dois grandes troncos etnolinguísticos: sudaneses que viviam no Benin, em Togo, em Gana e em partes da Nigéria, do Sudão e da Tanzânia; e bantos que viviam no sul da Nigéria, no Gabão, em Camarões, no Congo, em Angola, em Moçambique e na África do Sul.

Como eram feitos os negócios entre os europeus e os chefes africanos que vendiam os escravizados? Havia um escambo, que variou conforme o lugar e a época. Os escravizados eram adquiridos em troca de tecidos, tabaco, cachaça, rum, vinho, cerveja e cidra.

Durante os séculos XV, XVI, XVII e XVIII, os europeus não se aventuraram no centro do continente africano, limitando-se a ocupar o litoral, onde estabeleceram feitorias, castelos, fortalezas e postos de compra e venda de escravizados. A explicação para tão limitada presença está relacionada à resistência dos chefes locais em ceder território e o medo de doenças como tifo, malária e febre amarela, que geraram a fama de um meio perigoso e mortífero.

Estimativas de estudos recentes calculam que cerca de 12,5 milhões de seres humanos foram arrancados à força da África e transferidos para a América em travessia pelo Atlântico, com número elevadíssimo de mortos que não resistiam à viagem. O Brasil teria recebido 47% dos desembarcados na América. As condições de vida nos navios envolvidos no tráfico negreiro eram péssimas, e a expectativa de vida dos escravizados após o desembarque no continente americano era curta.

Em terras do continente americano, o negro escravizado não tinha direitos, sendo considerado juridicamente uma coisa e não uma pessoa. O escravizado existia para trabalhar, e se não o fizesse, sofria os piores e mais brutais castigos, que envolviam tortura física. Retirados de seu continente, arrancados de seu povo, desenraizados de seu meio, separados arbitrariamente e despejados em território estranho, muitos sucumbiam, mas houve resistência à escravidão. Ocorriam fugas individuais e às vezes em massa, agressões contra senhores e, no caso do Brasil, formação de quilombos, quer dizer, estabelecimento de negros que abandonavam as propriedades como resistência à escravidão, recompondo formas de organização social semelhantes às africanas. Caso referencial de quilombo formado no Brasil, no século XVII, foi o Quilombo dos Palmares, surgido em território do atual estado de Alagoas.

No século XVI, encontravam-se em Portugal cativos árabes, berberes, turcos, indianos, chineses. Com o século XVII, essa situação mudou, e ao se falar de escravidão, a associação com o negro era imediata. Assim foi que, ao final do século XVIII, ao término da História Moderna, a imagem que ficou foi a de que a colonização da América utilizou exclusivamente a mão de obra de africanos escravizados, o que verificamos que não ocorreu, pois em certas regiões do continente americano a escravização de indígenas foi utilizada. De todo modo, a associação entre negro e escravidão gerou arraigado preconceito que perdura até o século XXI. No caso brasileiro, a despeito de uma falsa tradição que defende a existência por aqui de uma democracia racial, a historiografia mais recente, baseada em documentação, refuta essa falácia demonstrando a tragédia que foi a escravidão e os danos irreparáveis que ela deixou. O preconceito racial vive entranhado na população como herança de séculos de escravidão, no Brasil, nos Estados Unidos ou nos países de língua espanhola da América.

Como você deve ter acompanhado em casos recentes ocorridos no esporte, como no futebol, atos racistas ainda se manifestam em praças esportivas em países europeus, como a Espanha, e até em competições da América do Sul. Quanto ao assunto, Eric Willians, um dos mais respeitados historiadores da escravidão moderna e do tráfico atlântico, afirmou: "A escravidão não nasceu do racismo; mas o racismo foi a consequência da escravidão". A escravidão praticada durante a História Moderna na América e em alguns lugares até na História Contemporânea – pois nos Estados Unidos e no Brasil ela só foi abolida no século XIX – contribuiu para induzir a discriminação racial dos negros.

O que resta como tarefa para os historiadores e para os estudantes do nosso tempo é esclarecer e reconhecer o quanto o trabalho dos negros africanos e dos indígenas contribuiu para a geração das riquezas que impulsionaram o capitalismo europeu e a construção da América. Há uma importante e vasta herança que a África legou para o continente americano.

Ao tratarmos do Brasil, são valiosas as palavras do historiador, diplomata e estudioso da África Alberto da Costa e Silva (2003, p. 240): "A história da África é importante para nós, brasileiros, porque ajuda a explicar-nos". Conhecer a história da África e como essa história se entrelaça com a história da América e, principalmente, do Brasil, nos ajuda a entender melhor por que a África é uma importante matriz cultural brasileira.

Capítulo 6

A REVOLUÇÃO CIENTÍFICA NO SÉCULO XVII

6.1 – O método científico

Ainda no Renascimento, Copérnico se dedicou aos estudos de Matemática e Astronomia. Convencido de que o Sol estava no centro do Universo, procurou desenvolver explicações matemáticas do funcionamento do universo heliocêntrico, o que apresentou em seu livro *Das Revoluções dos Mundos Celestes*. Ao retirar a Terra de sua posição central e dar-lhe movimento, ou seja, ao fazer dela apenas mais um planeta, Copérnico contrariou o sistema de cosmologia medieval e possibilitou o nascimento da Astronomia Moderna.

Um alemão chamado Johannes Kepler, em seus estudos e observações dos céus, descobriu as três leis básicas do movimento planetário:

1º) as órbitas dos planetas são elípticas, e não circulares, e no universo heliocêntrico o Sol é um foco da elipse;

2º) a velocidade dos planetas não é uniforme, mas aumenta à medida que sua distância do Sol diminui;

3º) os quadrados dos tempos gastos por dois planetas em suas rotações em torno do Sol estão na mesma razão dos cubos de suas distâncias médias em relação ao Sol.

A importância da obra de Kepler foi oferecer sólida prova matemática à teoria de Copérnico.

Ao mesmo tempo em que Kepler desenvolvia uma nova Astronomia, Galileu Galilei, na Itália, estudava o movimento dos corpos. Galileu acreditava que, para além do mundo visível, estavam as verdades universais, passíveis de verificação matemática. Para ele, a Matemática era a linguagem da natureza. Em suas experiências de mecânica, descobriu que uma força uniforme aplicada a corpos de pesos desiguais produziria, em igualdade de condições, uma aceleração uniforme. Demonstrou que os corpos caem com uma regularidade aritmética. Assim sendo, o movimento podia ser tratado matematicamente.

Galileu estabeleceu um princípio fundamental da Ciência Moderna: a ordem e a uniformidade da natureza.

Em 1609, Galileu construiu um telescópio com o qual examinou a superfície da Lua, tendo constatado que a Lua não é lisa, uniforme e precisamente esférica; ao contrário, é desigual, áspera e cheia de cavidades – portanto, não sendo diferente da face da Terra, com suas cadeias de montanhas e vales profundos. Com o seu telescópio, Galileu também viu manchas no Sol, que sugeriam indícios de que os corpos celestes, como os objetos terrestres, sofrem modificações. Com o telescópio, identificou também luas ao redor de Júpiter, o que indicava que os corpos celestes giravam em torno da Terra.

Em 1632, Galileu publicou a obra *Diálogo sobre os Dois Principais Sistemas do Mundo*, em que comparava o sistema copernicano com o sistema tradicional ptolomaico. Essa obra foi considerada herética pela Inquisição. Convidado a abdicar de suas teorias pelo Tribunal do Santo Ofício, resistiu por algum tempo, mas acabou se retratando, o que não impediu que fosse condenado a prisão domiciliar em uma propriedade da Toscana, onde morreu, em 1642.

A obra de Galileu abrange vários campos da Física: ótica geométrica (lentes, reflexão e refração da luz), termologia (invenção do termômetro) e mecânica (dinâmica e estática). Em razão disso, foi considerado um dos fundadores da Física Moderna.

Um dos expoentes dessa nova ciência foi René Descartes. Nascido na França, interessou-se pela Filosofia, pela Matemática e pela Física. Buscava em si próprio os princípios da Ciência, pois considerava que possuímos ideias inatas e capazes de ajudar a criar uma Ciência universal, aplicando o raciocínio matemático aos fenômenos da natureza. Viveu algum tempo na Holanda e, em 1637, publicou a obra *Discurso do Método para Bem Conduzir a Própria Razão e Procurar a Verdade nas Ciências*. Em seguida lançou os *Ensaios*. O método cartesiano partiu do pressuposto: "Penso, logo existo!", e prosseguia: "Se duvido, penso: penso – logo existo. Se duvidar de que duvido, só posso fazê-lo pensando essa dúvida a respeito da própria dúvida." Surgiu assim a certeza que servirá de ponto de partida para justificativa cartesiana do valor do conhecimento científico constituído com o mesmo rigor e as mesmas exigências de clareza e nitidez das noções matemáticas. O *"Cogito ergo sum"* ("Penso, logo existo"), além de representar uma primeira certeza frente à dúvida, passa a constituir o modelo para qualquer tipo de conhecimento.

Descartes acreditava no fato de sua própria existência e na realidade do mundo físico, que, segundo seu raciocínio, poderia ser melhor compreendido pela observação e pela Matemática. Foi chamado de pai da Filosofia Moderna e um dos pioneiros da Ciência Moderna. O preceito da dúvida metódica e a defesa da análise racional de todas as questões foram legados deixados por Descartes.

Descobertas de outros físicos contrariaram muitas afirmações de Descartes, que manifestava certa indiferença perante os fatos. Deduzia, simplesmente, pois, para ele, a experiência era apenas um acordo entre o momento da dedução e a constatação de um fenômeno. Fornecia uma explicação mecanicista de fatos já conhecidos que nem sempre verificava.

Em 1670, Leibniz, matemático e filósofo alemão, inventou o cálculo infinitesimal e mostrou que a lei da conservação do movimento de Descartes era falsa. Leibniz demonstrou também que as leis cartesianas do choque são contrárias ao princípio da continuidade e do princípio do infinito.

Outro estudioso que questionou o método cartesiano foi Blaise Pascal, matemático, físico e filósofo francês. Ao dogmatismo e ao apriorismo cartesiano, Pascal opunha uma teoria experimental e probabilista da hipótese, que lhe proporcionou resultados extraordinários no estudo dos conceitos de pressão atmosférica e vácuo. Tais estudos complementaram trabalhos desenvolvidos por Evangelista Torricelli, físico e matemático italiano que inventou o barômetro e contribuiu no desenvolvimento do cálculo integral.

6.2 – As descobertas científicas

Isaac Newton estudou no *Trinity College* da Universidade de Cambridge, onde se tornou professor. A partir de 1667, passou a ser membro da Real Sociedade de Ciências e dedicou-se intensamente a trabalhos sobre Matemática, mecânica e ótica. Como resultado desses estudos, formulou a lei da gravitação universal e, depois de uma série de experimentos rigorosos, determinou a natureza da luz. Em 1672, constatou a decomposição da luz por meio do prisma e, em 1675, passou a estudar o éter com o propósito de explicar a atração universal. Como o éter é mais rarefeito nos corpos do Sol, dos planetas, dos cometas e das estrelas do que nos espaços celestes vazios, a conclusão seria que, quanto mais nos afastássemos no espaço, mais denso se tornaria o éter.

Em 1687, Newton lançou a obra *Principia Mathematica*, livro que teve forte impacto na época. Em 1704, Newton publicou o livro *Opticks* e revelou sua teoria de que a luz era de natureza corpuscular, emanada de corpos luminosos de modo a produzir ondas.

Newton não só formulou leis matemáticas universais, como também ofereceu uma filosofia da natureza que procurava explicar a estrutura essencial do Universo. Ao tratar da matéria, observou que a sua estrutura é atômica e, em sua natureza, é inanimada e submetida à ação de forças do Universo. Quanto ao movimento da matéria, afirmou que ele poderia ser explicado por meio de três leis, as hoje conhecidas leis de Newton: a lei da inércia, a lei da aceleração e a lei da ação e reação.

Newton constatou que tais leis se aplicam não só à matéria observável, mas também ao movimento dos planetas em suas órbitas. Os planetas mantêm-se em suas órbitas porque todo corpo no Universo exerce uma força sobre um outro corpo, força essa que foi chamada de gravitação universal. A gravidade é proporcional ao produto das massas de dois corpos e inversamente proporcional ao quadrado da distância entre eles.

Newton foi inspirado por cientistas como Kepler e Galileu, mas não é exagero considerar que com ele a revolução científica atingiu o seu auge. A Física e a Astronomia alcançaram um nível completamente novo. A imagem medieval do mundo fechado, voltado para a Terra e sobre ela centrado, foi substituída por um Universo considerado como infinito, governado por leis universais e tendo na Terra apenas mais um planeta.

A medicina continuava apegada aos ensinamentos de Galeno e Hipócrates, propostos na Antiguidade. A arte de curar continuava subordinada a falsas teorias e a preconceitos, apesar de alguns descobrimentos em Anatomia e em Fisiologia, campo em que o belga André Vesálio foi pioneiro. Outro pioneiro foi o suíço Paracelso, que introduziu o conceito de diagnóstico na Medicina. Seus tratamentos recorriam aos produtos químicos, e não à sangria. No século XVII, na Inglaterra e na França, as ideias de Paracelso já tinham seguidores.

Em 1628, William Harvey descobriu a circulação do sangue. Harvey comparou o funcionamento do coração ao de uma bomba mecânica, o que sugeria uma mecanização da natureza, tendência que também se manifestava na Física com a Revolução Científica.

Verificaram-se progressos sobretudo em Anatomia, graças a observações que utilizavam o microscópio, inventado pelo holandês Leuwenhoek, em 1674. Leuwenhoek descobriu e descreveu, em 1677, os espermatozoides do homem, tendo no ano seguinte estudado os glóbulos vermelhos. Graças a Marcello Malpighi, um médico, anatomista e biólogo italiano, desenvolveram-se a Fisiologia Comparativa e a Anatomia Microscópica. Várias estruturas fisiológicas foram nomeadas em sua homenagem, como o corpúsculo de Malpighi (nos rins humanos) e os túbulos de Malpighi (sistema excretor de alguns invertebrados). Malpighi contribuiu também com estudos de fisiologia vegetal, propondo que as folhas desempenhavam papel na nutrição dos vegetais.

No século XVII, na Inglaterra, Robert Boyle adotou a explicação atômica da matéria, ou seja, a compreensão de que ela é feita de partículas pequenas, duras, indestrutíveis, que trabalham com regularidade, para explicar as modificações nos gases fluidos e sólidos. Boyle foi pioneiro do método experimental na ciência da Química e na teoria atômica da matéria. Por suas contribuições, é considerado o pai da Química Moderna.

6.3 – O contexto social da Revolução Científica

A Revolução Científica alcançou o seu ponto culminante na segunda metade do século XVII. Foi um tempo em que, por exemplo, na Inglaterra, ocorriam uma revolução (Puritana) e uma guerra civil que afetou a sociedade. Foi nesse contexto e nessa sociedade que viveram e atuaram nomes importantes da Ciência Moderna, como Boyle e Newton.

Na década de 1640, na Inglaterra, devido à influência das obras de Kepler, Galileu, Bacon e Descartes, era evidente que uma Ciência nova surgia, com princípios mecânicos, teoremas matemáticos e forças universais que substituíam a velha imagem do mundo.

Foi em tal contexto que irrompeu a Revolução Puritana. Alguns reformadores puritanos defenderam a nova Ciência e estimularam experimentalistas dispostos a seguir as ideias de Bacon, colocando a Ciência a serviço da humanidade. A Ciência tornou-se socialmente respeitável graças a Robert Boyle e seu círculo de Oxford, que atuaram para reformar a universidade e melhorar a condição humana, tanto material como espiritualmente.

Na década de 1650, com a implantação da ditadura de Cromwell, apoiada pelo exército, passou a ocorrer um questionamento do uso social da nova Ciência. A posição de cientistas, como Boyle e seus colaboradores, era que a Ciência deve ser conduzida pela experimentação criteriosa, e seus benefícios devem ser determinados pelos cientistas apoiados pelo Estado. Assim, a Ciência não devia constituir prioritariamente um meio de reparar os males humanos, mas servir aos interesses do comércio e da indústria.

Com a Revolução Inglesa, foi se afirmando a tendência da canalização da Ciência para os interesses do Estado e das disposições sociais vigentes. Na segunda metade do século XVII, várias descobertas científicas, particularmente a obra de Newton, ocorreram no meio intelectual criado pela Revolução Inglesa.

Newton desfrutou de grande prestígio e poder na vida intelectual inglesa. Vários de seus colaboradores e seguidores ocuparam posições de destaque nas faculdades científicas das principais universidades. Suas realizações foram institucionalizadas, e a nova Ciência contribuiu para aumentar a riqueza e o poder do Estado inglês.

Nos países católicos, onde a Ciência também se desenvolvia, havia uma perceptível hostilidade com relação às ideias científicas. A Contrarreforma e a Inquisição em tudo enxergavam heresia e impunham uma censura contra qualquer ideia que lhes parecesse suspeita. Essa mentalidade dificultou os trabalhos de Copérnico e Galileu.

Assim, países como a Inglaterra e os Países Baixos ofereciam uma liberdade intelectual favorável aos estudos científicos e filosóficos. A nova Ciência teve um papel fundamental na reorientação do pensamento ocidental, afastando-o da teologia e dos dogmas religiosos e metafísicos, dirigindo-o para o estudo dos problemas físicos e humanos.

O cartesianismo e o mecanicismo contribuíram para a ideia de Ciência Social. Nos países de grande desenvolvimento capitalista, colocavam-se questões provocadas pela multiplicação de rendas vitalícias e pelo êxito dos seguros de vida, o que contribuiu para o aparecimento da Ciência Demográfica. No século XVII, na Inglaterra e na Holanda, já se elaboravam tabelas de mortalidade com cálculo de probabilidades de sobrevivência. A demografia deixou a era da descrição e ingressou na era científica do estabelecimento de leis, que traduziam tudo em números para subsidiar as necessidades militares e financeiras dos Estados em guerra, provocando o nascimento de uma nova Ciência.

As necessidades militares e financeiras dos Estados contribuíram para entrada em cena da Estatística. Os censos e os recenseamentos passaram a contar com uma metodologia que buscava um bom levantamento estatístico, o que já se constatava em diretrizes estabelecidas para o censo determinado por Colbert, na França, em 1663.

Capítulo 7

AS REVOLUÇÕES INGLESAS DO SÉCULO XVII

7.1 – As peculiaridades do Absolutismo inglês

Como você já estudou no capítulo 4 deste livro, o Estado Moderno assumiu do ponto de vista político o caráter absolutista.

Em termos teóricos, como você também já aprendeu, autores como Jacques Bossuet justificaram o poder do rei como sendo de origem divina, ou seja, era a teoria do direito divino do monarca.

Na França, os reis da Dinastia Bourbon, como Luís XIV, utilizaram-se da teoria criada por Bossuet. Assim, os soberanos exerciam um poder de fato e de direito.

A Inglaterra, em razão de sua própria história, constituiu um caso peculiar, como veremos na sequência.

Em 1215, ainda na Baixa Idade Média, a Magna Carta foi imposta ao rei João, sem-terra. O documento determinava que, a partir de então, os reis ingleses só poderiam aumentar os impostos ou alterar as leis com a aprovação do Grande Conselho, composto por membros do clero, condes e barões. A Magna Carta constituiu a base das liberdades inglesas, embora fosse naquele tempo a imposição da autoridade dos nobres sobre o poder real.

Ainda no século XIII, a composição do Grande Conselho foi alterada, passando a incluir representantes da burguesia. Com o tempo, o Grande Conselho deu origem ao Parlamento inglês.

A correlação de forças na sociedade inglesa foi alterada com a Guerra dos Cem Anos e a Guerra das Duas Rosas (um conflito entre duas facções da nobreza: os Lancaster e os York). A nobreza passou a depender de cargos políticos e militares. Assim, com a ascensão dos Tudor, não restou alternativa, a não ser apoiar a centralização política pelos reis. O enfraquecimento da nobreza, em decorrência do conflito, permitiu a implantação de uma monarquia forte.

Sob o governo dos reis da Dinastia Tudor, sobretudo com Henrique VIII, o poder real se impôs e o prestígio do Parlamento foi afetado.

O Ato de Supremacia, decretado por Henrique VIII, em 1534, conforme já estudamos no capítulo sobre a Reforma Religiosa, criou a Igreja Anglicana e deu ao rei a condição de líder de Estado e religioso, medida que centralizou o poder e foi reconhecida pelo Parlamento.

Na Inglaterra, passou a existir um Absolutismo de fato, mas não de direito, pois em tese o Parlamento deveria dar a palavra final, o que era exigido desde a Magna Carta. No entanto, na prática, essa instituição foi subordinada ao Rei Henrique VIII, que consolidou o Absolutismo no país.

Durante o século XVI, coroa e Parlamento conviveram sem sobressaltos. O Parlamento, sob os Tudors, raramente se reunia. Era um Parlamento dominado pelos comerciantes e grandes proprietários de terra.

As mudanças que ocorriam na economia afetaram a sociedade, e foram surgindo novas classes sociais, com novos interesses, crenças e valores.

O Parlamento, que em outros tempos só referendava a política real, passou a ser palco de disputas acirradas, onde se misturavam questões religiosas, econômicas e constitucionais.

No século XVII, com a Dinastia Stuart ascendendo ao poder, os primeiros monarcas dessa dinastia, Jaime I e Carlos I, não perceberam a fusão de interesses da pequena nobreza e dos comerciantes com os interesses do puritanismo, o que gerou uma oposição com potencial desafiador. Os Stuart acreditavam no Absolutismo real, semelhante ao praticado pelos reis da Europa continental, de fato e de direito. Suas políticas de confrontação com o Parlamento terminaram em um desastre.

7.2 – A Revolução Puritana

Pouco depois de assumir o trono, em 1625, Carlos I decretou a obrigatoriedade de empréstimos à coroa, mandando prender quem se negasse a fazê-lo; portanto, adotando medidas que produziram forte oposição.

Em consequência do que avaliava como abusos do rei, o Parlamento expediu a Petição de Direitos, em 1628, na qual estabelecia que era ilegal instituir impostos sem o seu consentimento, bem como prender quem se recusasse a pagá-los. O Parlamento procurava também impossibilitar ao rei a criação de um exército permanente, com o qual Carlos I poderia se livrar de seus opositores. No ano seguinte, por meio da força, o rei dissolveu o Parlamento, tentando restabelecer o Absolutismo sem qualquer limite.

Em seu governo, Carlos I foi impondo tributos e adotou a prática de estabelecer monopólios, beneficiando uns poucos mercadores à custa de prejuízos que afetavam muitos comerciantes e pequenos produtores. Com o tempo, diferentes setores da sociedade foram se reunindo em oposição ao rei Carlos I.

Entre 1638 e 1640, os acontecimentos começaram a escapar do controle da Dinastia Stuart. Uma crise com a Escócia foi desencadeada, e o governo de Carlos I teve de enfrentar uma invasão. Sem recursos econômicos para enfrentar o ataque, o rei apoderou-se do ouro depositado na Torre de Londres.

Para fazer frente à crise, o rei teve de aceitar, em 1640, a reunião do que ficou conhecido como o Longo Parlamento. Assim, restabeleceu-se o espaço onde as lutas políticas eram travadas.

O agravamento das dificuldades políticas e econômicas ocorreu em 1641, quando a Irlanda também se rebelou contra o domínio da Inglaterra. O Parlamento não conseguiu o apoio da burguesia para confiar um exército ao comando do rei e ocorreu uma cisão entre os parlamentares.

Em meio a todos esses problemas eclodiu, em 1642, a guerra civil, que foi um conflito em que se defrontaram dois partidos político-militares: Cavaleiros e Cabeças Redondas.

Os Cavaleiros eram partidários do rei, dos nobres, dos grandes proprietários rurais e dos negociantes favorecidos pelos monopólios, todos de religião anglicana. Os Cabeças Redondas, defensores do Parlamento, eram burgueses, pequenos e médios proprietários de terras, marinheiros e artesãos. Em termos religiosos, eram puritanos (calvinistas ingleses). O apelido de Cabeças Redondas, *Round Heads*, veio do corte de cabelo que usavam, curto e de forma arredondada, desprezando o estilo de cabelos longos utilizados entre os membros da corte.

Durante o conflito, os Cabeças Redondas, financiados pela burguesia, formaram o Novo Exército Modelo (*New Model Army*), comandado por Oliver Cromwell. Era uma força com soldados atuando em tempo integral, uma força disciplinada, com promoção por merecimento e não por nascimento e privilégio, como nas tropas reais.

Oliver Cromwell era puritano desde a adolescência. Religiosamente compenetrado, era agressivo na defesa de sua fé, e na *Bíblia* buscava a justificativa para seus atos. Era membro do Parlamento.

Foi basicamente como soldado e organizador militar que Cromwell alcançou a posição de destaque que desempenhou.

Em 1643, Cromwell passou a organizar um regimento conhecido como os Costelas de Ferro, constituído por pequenos proprietários rurais fisicamente fortes e religiosamente fanáticos. Os soldados portavam uma armadura leve e combatiam com garrucha e espada. Os Costelas de Ferro constituíram o núcleo do Novo Exército Modelo.

Durante a guerra civil, surgiu um movimento que exigia reformas sociais e econômicas, eram os Niveladores, *Levellers*, cujos membros dispunham de forte apoio entre os soldados rasos do Exército Modelo. O movimento propunha igualar a sociedade, isto é, redistribuir a propriedade e conceder o direito de voto a todos os homens.

Outro movimento ocorrido, na mesma época, foi o dos Escavadores, *Diggers*, reunindo moradores urbanos e rurais que tentaram ocupar terras no condado de Surrey, escavando-as para demonstrar que elas lhes pertenciam.

O governo de Cromwell, com o apoio dos oficiais do exército e da burguesia, reprimiu e exterminou os Niveladores e os Escavadores, suprimindo os ideais populares e democráticos que eram uma ameaça aos interesses da burguesia. Assim, a Revolução Puritana afastou-se das forças populares.

Os Cabeças Redondas derrotaram as tropas do Rei Carlos I em diversos combates. A batalha decisiva do conflito ocorreu em Naseby, em 1645, onde a derrota das forças da Coroa acabou com as chances de vitória contra as forças parlamentares. Carlos I fugiu para o norte, em direção à Escócia, onde se rendeu ao exército escocês, o qual o entregou ao Parlamento da Inglaterra, que o colocou na prisão.

Em 1648, por decisão do Parlamento, o rei foi julgado pela Alta Corte de Justiça e condenado por traição contra a Inglaterra. Carlos I foi executado em 30/1/1649, tendo sido decapitado no Palácio de Whitehall.

Com a execução do rei, a Câmara dos Lordes foi extinta e a república, *commonwealth*, proclamada. A execução do rei foi um fato inédito na história europeia, pois o monarca foi executado por decisão do Parlamento e não por disputas internas da corte.

Cromwell justificou seus atos e atribuiu sua vitória sobre as forças do rei à vontade de Deus.

7.3 – O governo de Cromwell

De 1649 até 1653, o governo republicano viveu um período de aparente abundância, uma época singular na Inglaterra do século XVII. As vendas de terras confiscadas e multas impostas aos monarquistas resultaram em valores consideráveis. Boa parte desses recursos foram destinados aos credores da guerra civil, mas também contribuíram para financiar a conquista da Irlanda e da Escócia.

Sob o governo de Cromwell, um exército inglês desembarcou na Irlanda e promoveu grandes massacres. A brutalidade da campanha promovida na Irlanda foi enorme. Para Cromwell e para o Parlamento, o fato de que os irlandeses católicos devessem subordinar-se à Inglaterra era indiscutível. O ódio e a hostilidade religiosa reforçavam o desprezo cultural e contribuíram para a ferocidade da campanha. Os irlandeses católicos tiveram a maior parte de suas terras confiscadas e distribuídas entre latifundiários protestantes. As iniciativas de Cromwell agravaram a questão da Irlanda, que se arrastaria por séculos.

Cromwell retornou da Irlanda com enorme prestígio. Se entre os católicos irlandeses seu nome despertava terror, junto aos colonizadores protestantes levados para a Irlanda a simples menção ao seu nome era motivo de entusiasmo.

Em 1651, Cromwell conduziu uma campanha na Escócia, região onde os ingleses enfrentavam dificuldades desde antes da guerra civil. Ao explorar as divergências entre protestantes calvinistas e presbiterianos, obteve vitórias. As negociações, tendo em vista a união dos dois países, começaram em 1652 e foram concluídas em 1654.

Em 1650 e 1651, foram promulgados os Atos de Navegação. Eram decretos que protegiam os mercadores ingleses, determinando que todo o transporte marítimo entre a Inglaterra e as colônias devia ser realizado por navios ingleses ou dos países produtores. Foram medidas que reorganizaram a política de comércio inglês, que deixou de se basear nas companhias que exerciam o monopólio e passou a adotar o monopólio nacional.

As medidas adotadas afetaram a Holanda, que obtinha grandes lucros com o transporte marítimo. Em consequência, ocorreu um conflito anglo-holandês entre 1652 e 1654, vencido pelos ingleses, que assim assumiram a condição de maior potência naval, posição que a Inglaterra ("rainha dos mares") manteve até o século XX.

Em termos de política interna, foram suprimidos os antigos domínios feudais remanescentes, acelerando o processo de redistribuição de terras. Essas medidas foram acompanhadas pelo confisco de terras da coroa e dos que apoiaram o rei, visando a eliminar os riscos que pudessem ameaçar o poder da burguesia e dos novos proprietários de terras.

Em 1653, sob o pretexto de combater a corrupção, Cromwell fechou o Parlamento, e com o apoio do exército tornou-se um governante autoritário. Era uma ditadura pessoal e vitalícia. Cromwell recebeu o título de Lorde Protetor da Inglaterra, Escócia e Irlanda.

A revolução estava encerrada. Os setores populares e democráticos haviam sido esmagados, e a burguesia preferiu ver o Parlamento fechado para dispor de um governo ditatorial favorável aos seus interesses econômicos.

O Protetorado de Cromwell, entre 1653 e 1658, teve por base uma constituição escrita à qual se deu o nome de Instrumento do Governo, redigida pelo Conselho dos Oficiais, órgão subordinado ao ditador. De acordo com o Instrumento do Governo, o direito de voto era censitário, excluindo grande parte da população.

Figura 7.1 – Oliver Cromwell – autor desconhecido

Fonte: https://www.worldhistory.org/image/15171/oliver-cromwell-in-armour/

    Com a morte de Cromwell, seu filho Ricardo assumiu o cargo de Lorde Protetor. Sem a força e o prestígio do pai, foi forçado a abdicar pelos generais do exército, que se lançaram em uma violenta disputa pelo poder. Com a crise da república, mergulhada em um desgoverno e sem liderança efetiva, o Parlamento, controlado pela pequena nobreza, pela burguesia e pelos pequenos latifundiários, convidou o filho exilado, do rei executado, a ocupar o trono, decidindo pelo restabelecimento da monarquia, com o retorno da Dinastia Stuart.

7.4 – A Restauração Stuart

O responsável pelas articulações que desembocaram na restauração foi o general Monck, que havia comandado o exército de ocupação da Escócia e expurgado o exército de radicais democráticos simpatizantes dos niveladores. Monck era partidário de um Parlamento dominado pela burguesia e pela pequena nobreza, defendendo a formação de um Parlamento conservador.

Carlos II era filho do rei executado pela Revolução Puritana e cresceu e foi educado na França. Em 1660, com a aprovação do Parlamento restabelecido, Carlos II restaurou a monarquia da Dinastia Stuart.

Vinte meses após a morte de Oliver Cromwell, Carlos II ocupou o trono da Inglaterra. A restauração veio acompanhada de uma pretensão de vingança que empolgava os antigos cavaleiros realistas. Tal pretensão até se fez realidade em um primeiro momento, quando os regicidas, envolvidos na execução de Carlos I, foram enforcados, arrastados pelas ruas e esquartejados. O cadáver de Oliver Cromwell foi desenterrado e enforcado. No entanto, graças à ação de Edward Hyde, conde de Clarendon, ministro de Carlos II e fiel servidor da família real, a violência foi contida, e prevaleceram a moderação e o apaziguamento.

A restauração não foi apenas o retorno do rei, mas também o da Câmara dos Lordes e dos bispos anglicanos.

O Parlamento de 1660 votou uma renda de 1,2 milhão de libras por ano para o rei. Era metade do que Cromwell recebia, mas o dobro da renda de Carlos I. A intenção dos parlamentares era colocar o rei em uma situação de debilidade financeira, tornando-o dependente do Parlamento.

Uma iniciativa adotada com a restauração foi o arrendamento da cobrança de impostos para compensar os Cavaleiros, que haviam lutado na guerra civil pelo rei, por suas perdas no conflito. Essa prática foi motivo de muita corrupção e responsável por desgaste junto à população.

Entre as medidas aprovadas pelo governo de Carlos II, estavam a recuperação de propriedades da coroa, da Igreja Anglicana e dos Cavaleiros que haviam sido confiscadas e vendidas pela república.

Com Carlos II, o governo deixou de intervir nas relações entre proprietários e empresários, de um lado, e foreiros (indivíduos autorizados a utilizar a terra em troca de impostos) e assalariados, de outro. Os proprietários de terras passaram a cercar terras livremente, aumentando a produção de lã e trigo destinadas à venda. A lei dos pobres deixou de ser aplicada. O capitalismo agrícola expandiu-se. A Inglaterra tornou-se a grande fornecedora de trigo, lã e carne do continente. A marinha controlava o comércio colonial e passou a dispor de acesso a colônias portuguesas, após o casamento de Carlos II com Catarina de Bragança, que trouxe como dote Tanger (Marrocos) e Bombaim, hoje Mumbai (Índia).

A política externa do reinado de Carlos II foi marcada por uma aproximação com a França de Luís XIV. No plano da política interna, formaram-se no Parlamento dois grupos políticos rivais: os *Tories* e os *Whigs*.

O Parlamento tornou-se campo de embate entre os grupos políticos rivais. Os *Tories* apoiavam o rei, e os *Whigs* eram críticos do governo. Maioria no Parlamento, os *Whigs* aprovaram a Lei do *Habeas Corpus*, uma importante conquista jurídica. Diante das prisões arbitrárias que o rei efetuava, o *habeas corpus* determinava que nenhum cidadão poderia ficar preso por tempo indefinido, sem ser acusado formalmente nos tribunais.

O reinado de Carlos II foi marcado por duas grandes calamidades: a Grande Peste de Londres – última manifestação de peste bubônica ocorrida na Inglaterra, em 1665 e 1666 – e o Grande Incêndio de Londres, ocorrido em 1666, que desabrigou mais de 100 mil pessoas.

A parte final do reinado de Carlos II foi marcada por tensões entre o rei e o Parlamento. Os parlamentares pretendiam a aprovação de uma Lei de Exclusão, medida que impediria o irmão do rei, Jaime, Duque de York, de ser o sucessor do monarca. Jaime era casado com uma católica e acusado de nutrir simpatias pelo catolicismo.

Em 1681, Calos II fechou o Parlamento. A oposição ao governo era crescente, sendo liderada pela burguesia, que se opunha ao Absolutismo e ao catolicismo.

Com a morte de Carlos II, em 1685, seu irmão Jaime, o Duque de York, ocupou o trono com o título de Jaime II. A Inglaterra tinha agora um rei católico.

7.5 – A Revolução Gloriosa

Com o reinado de Jaime II, intensificou-se a oposição ao governo. A burguesia se opunha ao Absolutismo e ao catolicismo do rei e receava a retomada do Mercantilismo em seu antigo formato. Entre os empresários, havia reivindicações de liberdade econômica e fim dos monopólios.

Em princípios de 1688, os anglicanos e os *whigs* (adversários dos poderes absolutistas do rei) iniciaram uma conspiração. O objetivo era convidar o genro do rei, Guilherme de Orange, um holandês, marido de Maria Stuart, filha protestante de Jaime II, a invadir a Inglaterra e destronar o monarca.

A conspiração prosperou por uma confluência de interesses entre as partes envolvidas. A oposição inglesa desejava se afastar da França absolutista de Luís XIV, aliado de Jaime II. Para Guilherme de Orange e os holandeses, era interessante o apoio inglês a fim de evitar uma invasão francesa contra a Holanda, ação que estava em pauta naquele tempo.

Ao final de 1688, Guilherme de Orange desembarcou na Inglaterra com um exército, tendo recebido o apoio de várias cidades que se rebelaram contra Jaime II. Isolado, o rei fugiu para a França, enquanto Guilherme e Maria foram declarados rei e rainha por ato do Parlamento.

A conspiração contra Jaime II obteve sucesso pelo fato de o monarca saber que havia uma lâmina que poderia atingir seu pescoço. A memória e os reflexos do que havia ocorrido em 1649 (execução do rei Carlos I) era uma ameaça aos Stuart.

Ao receberem a coroa, o agora rei Guilherme III e sua esposa Maria juraram a Declaração de Direitos (*Bill of Rights*), em 1689, que estabelecia entre outras coisas: o rei, como os demais cidadãos, estava submetido à lei; o rei não podia formar exércitos nem criar impostos sem a aprovação do Parlamento.

O sucesso da Revolução Gloriosa foi um golpe decisivo contra o Absolutismo na Inglaterra. Praticamente sem derramamento de sangue, foram solucionadas profundas tensões sociais e constitucionais que afetaram a Inglaterra no século XVII.

A Inglaterra preservou a monarquia como autoridade constitucional, mas não absoluta, instituindo a monarquia parlamentarista. O rei mantinha a condição de chefe de Estado, mas o chefe de governo seria um primeiro-ministro. O rei foi literalmente despojado de seus rendimentos, ficando na completa dependência do Poder Legislativo.

O aumento do poder parlamentar proporcionou grande estabilidade política, na medida em que o Parlamento se tornou o espaço onde se defrontavam os diferentes interesses da elite da sociedade britânica, pois o voto para as eleições parlamentares era censitário e assim excluía os menos ricos. Tal desenho institucional constituiu uma oligarquia cujas coesão e prosperidade garantiam a estabilidade social e política. Assim sendo, a maioria da população não participava das atividades políticas. A política era decidida pelo Gabinete, em reuniões de alguns ministros. Nessas reuniões, desempenhava um papel fundamental o Lorde Tesoureiro, encarregado das finanças, cargo de grande importância.

A partir de 1688, o governo tornou o comércio o principal interesse da Inglaterra. O Parlamento determinava a política externa e usava os recursos financeiros do país para proteger e expandir o comércio de um império que dispunha de um agressivo poder marítimo.

Em 1694, foi criado o Banco da Inglaterra, importante pilar para o desenvolvimento do capitalismo inglês. O banco obteve o direito de negociar letras de câmbio, comprar e vender lingotes, efetuar empréstimos a particulares, emitir papel-moeda e emprestar dinheiro ao erário público. Graças à força do banco, a influência dos capitalistas ingleses era exercida até sobre o Gabinete Ministerial.

Na última década do século XVII, Londres apresentava uma população de 800 mil habitantes e concentrava a quase totalidade da atividade econômica inglesa. Ao final do século XVII, a Inglaterra havia se tornado grande produtora de cereais. Além de resolver seus problemas alimentares, a Inglaterra tornou-se exportadora de cereais. A drenagem de pântanos contribuiu para aumentar em 10% as terras cultiváveis do país.

Do ponto de vista econômico, a burguesia preparou o terreno para o desencadeamento da Revolução Industrial do século XVIII. Os cercamentos e a expulsão de camponeses das terras geraram um proletariado para a Revolução Industrial e criaram um mercado para seus produtos.

Em 1690, na época da Revolução Gloriosa, o filósofo John Locke lançou a obra *Dois Tratados sobre o Governo Civil*, precursora do liberalismo político. O pensamento de Locke foi de grande importância para o constitucionalismo inglês e influenciou o pensamento liberal no século XVIII.

7.6 – Um balanço sobre as Revoluções Inglesas do século XVII

Como você pôde ler, o século XVII na Inglaterra foi muito turbulento. Foram duas revoluções (Puritana e Gloriosa), execução de um rei (Carlos I) por decisão do Parlamento, desmantelamento do secular modelo de monarquia absolutista e finalmente estabelecimento de um novo modelo de monarquia parlamentarista.

Em todo esse tumultuado processo de mudanças, marcado por guerra civil, execução de um rei, estabelecimento de uma república, instituição de uma ditadura (Protetorado de Cromwell), Restauração Stuart e Revolução Gloriosa, certamente ocorreram mudanças políticas e econômicas, e setores sociais foram beneficiados ou prejudicados.

Para que a leitura do presente capítulo seja proveitosa, propomos fazer um balanço final sobre o assunto, indicando algumas reflexões.

Com certeza você já encontrou a expressão revoluções burguesas ao se deparar com o estudo das revoluções inglesas do século XVII – a Puritana e a Gloriosa. A reflexão que propomos é a seguinte: essas revoluções foram mesmo burguesas? A resposta não é simples. Caso tivesse de ser uma resposta curta, diríamos que sim. No entanto, um exame mais cuidadoso torna forçosa uma série de observações.

A começar pela Revolução Puritana, é simplista crer que tenha resultado apenas da ação decidida de um punhado de burgueses puritanos (calvinistas) insatisfeitos que ousaram desafiar o rei. As forças que lutaram contra Carlos I eram mais complexas e incluíam, além da burguesia mercantil, a aristocracia dos grandes proprietários de terras, além de pequenos proprietários rurais, camponeses e artesãos. Quanto ao aspecto religioso, também não é fato que entre os revolucionários estivessem envolvidos apenas puritanos calvinistas, pois havia apoio de presbiterianos. Então, por que se apresenta o movimento da Revolução Puritana como burguês? A resposta é que as forças vitoriosas, ao final do conflito, eram controladas pela burguesia, e o próprio Cromwell desempenhou o papel de representante dela, o que ficou evidenciado em sua atuação na repressão aos Niveladores e Escavadores, grupos populares e democráticos. Para a burguesia, era necessário eliminar aqueles que ameaçassem seus interesses, mesmo que participantes da revolução.

O Protetorado de Cromwell, entre 1653 e 1658, representou a constatação da impossibilidade de manter o controle da república burguesa por meios político-parlamentares e a opção por impor os interesses burgueses pelo apoio do exército, pela força das armas. Assim foi que a monarquia de direito divino veio a ser substituída pela ditadura burguesa puritana, predestinada por Deus ao poder, imposta pelo exército.

Finalmente, a Revolução Gloriosa representou, após o fracasso da restauração Stuart, o triunfo dos interesses da burguesia capitalista. A longa experiência de embates econômicos, políticos, sociais e religiosos ensinaram esse setor da sociedade inglesa a realizar a mudança que lhe interessava, sem derramamento de sangue, de maneira pacífica e gloriosa. A monarquia pode ser preservada, limitada, é verdade, mas conservando sua dignidade, pois os ministros são responsáveis perante o rei. De qualquer maneira, o Gabinete Ministerial é forte, e o poder reside no Parlamento e nos que pagam impostos.

A estabilidade adquirida inspirou um orgulho patriótico inglês e levou a nação a considerar a sua monarquia parlamentarista superior às monarquias absolutistas que existiam em vários países europeus. Outro aspecto a assinalar é que a memória da república ficou associada ao risco da ditadura, tendo em vista o recurso adotado no Protetorado de Cromwell.

Capítulo 8

O ILUMINISMO

8.1 – Os precursores do Iluminismo e as críticas ao Antigo Regime

Uma nova cultura havia conquistado a imaginação da elite educada da Europa no século XVIII, tendo em vista influências vindas do século XVII, tais como a filosofia de Descartes e o empirismo de Bacon.

A confiança na Ciência foi uma característica do espírito moderno, herdeiro de Descartes e Bacon. Havia a expectativa de que todos os problemas, em quaisquer setores, viessem a ser elucidados, esclarecidos, iluminados. O avanço da Ciência afastaria as sombras e resolveria o mistério, instalando o domínio da razão.

Na última década do século XVII, na Inglaterra, John Locke sustentou em suas obras que, no estado natural, os homens são livres e iguais e dirigem-se pela razão, e esta apresenta-lhes os seus direitos naturais: a vida, a liberdade e a propriedade, ou o direito de cada um dispor dos produtos de seu trabalho na medida de suas necessidades. Todos estes direitos são fundamentais e anteriores a qualquer organização.

Para John Locke, os homens, para se protegerem de flagelos naturais e de ataques de seus inimigos, constituíram-se em sociedade, para poderem gozar seus direitos naturais. O objetivo da sociedade é a conservação dos direitos naturais do homem. Os homens constituem a sociedade por um contrato social. Os governantes devem atuar como delegados da sociedade, respeitando o contrato social, e, caso o desrespeitem, é legítimo o direito da revolta. A Igreja e o Estado deveriam ser separados, e a liberdade de consciência e de culto, garantidas.

O pensamento de Locke é racional e ligado à burguesia. Há que se observar que Locke concebia uma democracia para os homens livres, da nobreza, do clero, da *gentry* e da burguesia (comerciantes); portanto, excludente, pois não abrangia camponeses, artesãos e mendigos. Essas ideias exerceriam, posteriormente, influência sobre iluministas, como Voltaire e Montesquieu.

Na França, as perseguições de Luís XIV aos protestantes levaram Pierre Bayle a fugir para os Países Baixos, onde publicou o *Dicionário Histórico e Crítico*, em 1697. Foi uma obra com críticas ao clero. Bayle era cristão, porém professava um ceticismo em relação ao poder do clero, questionando também os grandes tiranos. Esse ceticismo influenciou as posições do Iluminismo em matéria de religião.

Em meados do século XVIII, o filósofo e historiador escocês David Hume adotou o ceticismo para rejeitar a religião revelada e para chegar a uma religião natural da razão universal.

O ceticismo que floresceu na Inglaterra incomodava o clero, que classificou os seus praticantes de deístas. Esse deísmo não significava negação da existência de Deus, mas reinterpretava o papel da divindade em relação ao mundo e aos homens e questionava a necessidade de igrejas para intermediarem a relação entre os homens e esse Deus.

As ideias defendidas por escritores e filósofos buscaram substituir as trevas pelas luzes da razão, para benefício da humanidade. Ao movimento intelectual do século XVIII, o chamado Século das Luzes, chamou-se *Enlightenment, Aufklärung,* Iluminismo.

O Iluminismo contestou as estruturas do Antigo Regime. As doutrinas políticas, econômicas e sociais que sustentavam o Absolutismo e o Mercantilismo foram radicalmente negadas.

Inspirados por John Locke, teórico da Revolução Gloriosa, considerado o pai do liberalismo político, os iluministas propunham a substituição do Absolutismo por uma relação contratual entre governantes e governados, sendo que as bases desse relacionamento deveriam ser estabelecidas por um conjunto de leis escritas, a constituição. Em lugar de um governo centralizador, haveria uma descentralização de poderes.

A aliança entre o Estado e a Igreja, além da justificativa que o clero oferecia aos monarcas, assegurando a origem divina de seus poderes, bem como os privilégios concedidos ao clero, como isenções tributárias, também foram motivo de críticas iluministas ao Absolutismo.

As críticas ao Antigo Regime atingiam também o Mercantilismo, sua doutrina econômica. Questionavam-se a prioridade concedida ao comércio, a intervenção do Estado na economia, o monopólio comercial e o sistema colonial.

8.2 – O pensamento iluminista

A França era um país com enorme vitalidade intelectual, porém em pleno Absolutismo, havia uma censura que dificultava a liberdade de pensamento e de expressão.

Em alguns ambientes privados, os chamados *salons* (salões), em Paris, intelectuais discutiam ideias hostis à Igreja e à Sorbonne, a universidade controlada por padres. Esses salões eram verdadeiros centros culturais e sociais, sendo que vários deles eram dirigidos por mulheres de destaque na sociedade.

Entre os intelectuais que ganharam destaque nesse ambiente, destacou-se Voltaire (1694-1778), pseudônimo literário de François--Marie Arouet, poeta, jornalista, ensaísta e filósofo francês que visitou a Inglaterra, onde entrou em contato com as ideias de Locke e Newton. Deste último aprendeu as leis matemáticas que governam o universo e a importância da razão humana para estabelecer as regras gerais que parecem explicar o comportamento dos objetos físicos e absorveu os princípios metodológicos da Física fundada na observação e na experimentação, que o incentivaram em suas críticas a todas as teorias e hipóteses especulativas.

Figura 8.1 – Foto do retrato de Voltaire – 2015

Fonte: Henrique Cavalcanti de Albuquerque. Essa foto foi tirada no dia 18 de janeiro de 2015, no Palácio de Versalhes, por ocasião dos atentados terroristas ao jornal Charlie Hebdo. Uma lembrança de Voltaire para a tolerância nos dias de hoje.

Com Locke, aprendeu a teoria do conhecimento e a percepção de que o homem só devia acreditar nas ideias recebidas pelos sentidos, ou seja, se o homem acreditava apenas no que podia ver, ouvir ou pegar, como podia aceitar mistérios e doutrinas simplesmente ensinadas pelas igrejas e pelo clero? Voltaire propunha a liberdade de pensamento e a tolerância religiosa, criticando o Absolutismo dos reis franceses e o poder do clero em seu país. Em sua obra *Cartas Filosóficas*, resultado de sua passagem pela Inglaterra, apontou a monarquia constitucional, a ciência nova e a tolerância religiosa como modelos a serem imitados por outros países da Europa. Em meados do século XVIII, Voltaire era internacionalmente famoso. Na França, seus livros eram proibidos, mas na Prússia e na Rússia suas ideias eram discutidas. Chegou a viver na Prússia, onde escreveu a obra *Dicionário Filosófico*, em que combatia a infame Igreja Católica, tendo ainda atuado como conselheiro do rei da Prússia.

Charles Louis de Secondat, o Barão de Montesquieu (1689-1755), foi um aristocrata e pensador francês que, a exemplo de Voltaire, também visitou a Inglaterra e entrou em contato com os trabalhos de Locke. Foi um entusiasta da monarquia constitucional e crítico da autoridade sem limites dos reis franceses. Em oposição ao Antigo Regime, propôs um sistema descentralizado e equilibrado de governo, com separação de poderes. A autoridade política deve ser dividida entre os Poderes Legislativo, Executivo e Judiciário, que devem atuar de forma independente e harmônica.

A obra mais importante de Montesquieu, *O Espírito das Leis*, foi publicada em 1748. Nessa obra, o autor excluiu de sua análise metodológica qualquer perspectiva religiosa ou moral e adotou uma abordagem descritiva e comparativa dos fatos sociais. O conceito de lei era apresentado como uma relação necessária que deriva da natureza das coisas. Procurou esclarecer, à luz dos fatos históricos, os princípios que explicam a evolução política dos Estados e a natureza das leis que os regem. Foi um importante filósofo iluminista e um crítico assumido do Antigo Regime, tendo denunciado o Absolutismo e sua corrupção e ineficiência.

Jean Jacques Rousseau (1712-1778) nasceu em Genebra, Suíça, tendo se destacado pelo conteúdo democrático das suas ideias filosóficas e políticas. Foi o responsável por ampla e variada obra, a respeito da qual apresentamos uma síntese na sequência.

Em 1750, escreveu *Discurso sobre as Ciências e as Artes*, obra na qual sustentava a ideia de que o homem é naturalmente bom e que a sociedade o corrompe.

Em *Emílio*, obra de 1762, defendeu a volta à natureza e recomendou que as crianças fossem educadas afastadas da sociedade e por meio da experiência direta das coisas em contato com as realidades naturais. Era uma obra pedagógica e exerceu influência sobre educadores dos séculos XIX e XX.

Em seu livro *Discurso sobre a Origem e os Fundamentos da Desigualdade*, de 1755, Rousseau criticou a propriedade privada, observando que a terra pertence a todos. Apesar de sua posição crítica quanto à propriedade, ele a concebia como um mal necessário. A solução que propunha era a limitação da propriedade, ou seja, "para melhorar o estado social, é preciso que todos tenham o suficiente e que ninguém tenha demasiado".

A obra mais célebre de Rousseau é *O Contrato Social*, escrita em 1762. Nesse trabalho, observava: "o homem nasce livre, e por toda parte está acorrentado". No desenvolvimento de sua argumentação, acrescentava: "a liberdade é parte da natureza humana, e renunciar à liberdade é renunciar a ser homem, e abrir mão dos direitos de humanidade". Nessa obra, defendia que a sociedade e o Estado nascem de um convênio entre as diversas pessoas, em benefício de seus interesses comuns. O poder, ou soberano, é o próprio povo.

Denis Diderot (1713-1784) foi um filósofo e escritor francês que empreendeu, juntamente com o matemático D'Alambert, a elaboração da *Enciclopédia das Ciências, das Ares e dos Ofícios*, ou simplesmente *Enciclopédia*. A primeira edição da *Enciclopédia* constava de 35 volumes e contou com cerca de 130 colaboradores, que se encarregaram de escrever sobre diferentes assuntos. Os enciclopedistas, como ficaram conhecidos os realizadores da obra, pretendiam sumariar todo o conhecimento do século, sob a luz do pensamento ilustrado. Uma segunda edição foi lançada em 1782. A maioria esmagadora dos colaboradores era composta por burgueses, embora também alguns nobres convertidos aos ideais da burguesia tenham contribuído.

Entre os colaboradores da *Enciclopédia*, existiam divergências, porém havia um conjunto de pontos em que todos concordavam:

- a valorização da razão, o racionalismo, que deveria substituir a fé como guia da humanidade;
- a valorização da atividade científica como meio para alcançar um mundo melhor; as críticas à Igreja Católica e ao clero pelo seu comprometimento com o Absolutismo;
- a ideia de governo como resultado de um contrato entre governantes e governados.

Figura 8.2 – Foto do frontispício da *Enciclopédia* em sua primeira edição

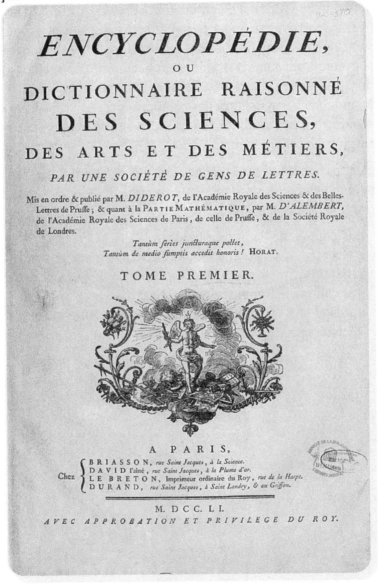

Fonte: https://commons.wikimedia.org/wiki/File:Encyclopedie_de_D%27Alembert_et_Diderot_-_Premiere_Page_-_ENC_1-NA5.jpg

Diderot, devido a sua atuação como coordenador da elaboração da *Enciclopédia*, foi o grande divulgador do pensamento filosófico do século XVIII, sendo considerado um pensador típico do Século das Luzes. Escreveu várias obras e viveu algum tempo na Rússia, na corte da rainha Catarina II, em São Petersburgo, com quem manteve estreita colaboração.

O estudo sobre os principais pensadores do Iluminismo e o conhecimento de suas posições políticas revelam sua oposição ao Antigo Regime e seu posicionamento em favor de ideias de liberdade e igualdade. Assim, você, leitor, concluiria: os iluministas foram decididos defensores da democracia! Bem, não foi bem assim, pois o Iluminismo expressou a visão de mundo de uma burguesia esclarecida e de uma pequena parcela da nobreza. Pensadores como Voltaire e Montesquieu não cogitavam garantir participação política e direitos igualitários para camponeses e populações pobres das cidades. O projeto desses pensadores favorecia aos proprietários de terra, à burguesia, excluindo pessoas de camadas mais modestas, setor da sociedade que produzia desconfiança entre muitos pensadores iluministas.

O pensador iluminista que mais se aproximou da democracia, compreendida como garantidora de direitos iguais para o povo, foi Rousseau. Suas ideias foram vistas como revolucionárias e como oponentes ao poder dos reis, dos aristocratas e das igrejas.

Algumas questões podem ser apontadas como limites ao liberalismo dos iluministas do século XVIII, sendo uma delas a questão da escravidão. Havia uma ambivalência dos iluministas quanto ao tema. Voltaire e Diderot avaliavam que em um mundo ideal não devia haver escravidão, mas como esse mundo não existia, talvez a escravidão fosse inevitável. Montesquieu considerava que a escravidão não era boa nem para o senhor e muito menos para o escravo, sendo contra a natureza, tanto que felizmente foi abolida na Europa, mas alegava que nos países tropicais, onde a preguiça era natural, a escravidão talvez fosse útil e mesmo necessária para forçar as pessoas a trabalharem.

Entre os iluministas, foi Rousseau que tomou à frente na postura de condenar a escravidão como instituição violadora dos direitos naturais do ser humano.

A mesma ambiguidade dos pensadores iluministas se encontra em suas posições sobre as mulheres. Nenhum deles se interessou em corrigir a situação de inferioridade legal das mulheres. Nesse caso, o próprio Rousseau apresentou uma concepção que excluía as mulheres do contrato social, pois considerava que a natureza havia dado aos homens o domínio sobre as mulheres e as crianças. No *Contrato Social* as mulheres nunca são mencionadas como parte da sociedade civil.

Na área do Direito, em 1764, surgiu um dos mais importantes livros do Iluminismo. Em Milão, na Itália, Cesare Beccaria lançou a obra *Dos Delitos e das Penas*. Foi uma obra que contrariou a relação entre a Igreja e o Estado, pois durante séculos, crime e pecado eram a mesma coisa aos olhos da Igreja; a função do Estado era punir o primeiro, porque era uma manifestação do segundo. Beccaria confrontou essa teoria e contrapôs que a Igreja devia se ocupar do pecado, e o Estado, dos crimes contra a sociedade, sendo o objetivo das penalidades reintegrar o indivíduo na sociedade.

Ao final do século XVIII, o filósofo alemão Immanuel Kant, ao definir o Iluminismo, descreveu-o como "a chegada de uma luz aos cantos sombrios, a luz afugentadora da ignorância e da superstição".

8.3 – Os economistas do século XVIII

No século XVIII, o Antigo Regime também sofreu sérias críticas quanto aos seus pressupostos econômicos. As concepções mercantilistas começaram a ser questionadas.

Na área econômica, os governos vinham, há séculos, regulando a maioria dos aspectos do mercado. A teoria econômica por trás dessa regulamentação era chamada de Mercantilismo, conforme já estudamos no Capítulo 4. Os mercantilistas acreditavam que uma escassez constante de bens – ouro, mercadorias – predominava e que os governos deviam dirigir a atividade econômica de modo que seus respectivos Estados competissem com êxito com outras nações, para obter uma parcela dos recursos escassos do mundo.

Durante o século XVIII, a partir das análises de François Quesnay, médico e economista francês, surgiu a Escola Econômica Fisiocrática. Ao buscarem uma explicação geral da vida econômica, afirmavam que a economia apresenta uma ordem natural, determinada pela natureza, que regularia e organizaria os fatos econômicos. A desigualdade social, a propriedade privada e a exploração do trabalho pelo capital eram admitidas como leis naturais. O fisiocratismo era individualista, exigia liberdade política e econômica; assim, o Estado não deveria intervir na economia, pois sua função seria apenas assegurar a ordem, a propriedade e a liberdade individual. A economia deveria funcionar de acordo com a livre-iniciativa e a livre-concorrência. Tais análises foram resumidas na expressão: *laissez faire, laissez passer* (deixai fazer, deixai passar).

Para os fisiocratas, a agricultura constituía a principal atividade econômica, a verdadeira geradora de riquezas. Para o fisiocratismo o comércio, a indústria eram atividades estéreis.

Entre os principais fisiocratas, além de Quesnay, destacaram-se o Marquês de Gournay e Turgot (que atuou como ministro das finanças de Luís XVI). Quesnay foi autor de alguns artigos que integraram a *Enciclopédia*.

Na Inglaterra, a partir da segunda metade do século XVIII, floresceu a chamada Escola Clássica de Economia. Foi um movimento desencadeado a partir das ideias de Adam Smith, professor de economia em Glasgow, na Escócia, que em 1776 publicou o livro *A Riqueza das Nações*, obra que se transformou em referência para os estudos de Economia Política. Smith buscou as leis naturais que expliquem e liguem os fenômenos econômicos, alargando o campo do estudo dos problemas econômicos, pois partia de um ponto de vista menos estreito que os fisiocratas que centralizavam os problemas econômicos na agricultura exclusivamente. Adam Smith considerava que o trabalho ajudado pelo capital é a atividade criadora e a medida real do valor de troca de todas as mercadorias. O valor do trabalho, por sua vez, é determinado pelas forças do mercado, pela oferta e procura. Enquanto os mercantilistas achavam que a riqueza era o ouro e os fisiocratas, a terra, Smith afirmava que sua origem era o trabalho do homem.

Adam Smith não se preocupava com a evidente desordem das forças de mercado; por trás desse caos superficial, ele via ordem. Usou a metáfora da mão invisível para explicar a origem dessa ordem. Essa mão conciliaria, inevitavelmente, o interesse individual com o interesse público. Com a imagem da mão invisível, expressou sua fé na racionalidade da sociedade comercial e estabeleceu o princípio básico para a moderna ciência da Economia capitalista. Adam Smith é considerado como o pai do liberalismo econômico.

8.4 – O despotismo esclarecido

Em alguns países da Europa, tais como Prússia, Áustria, Rússia, Portugal e Espanha, caracterizados, no século XVIII, com uma economia tipicamente agrária, pequeno desenvolvimento comercial e baixo índice de urbanização, ocorreram algumas tentativas de modernização.

Inspirados no Iluminismo, particularmente no pensamento de Voltaire, alguns soberanos lançaram-se à realização de uma série de reformas. Por volta de 1760, o filósofo Denis Diderot utilizou pela primeira vez a expressão despotismo esclarecido ao se referir ao monarca forte que colocasse em prática as reformas racionais.

Os déspotas esclarecidos tentaram reformar o Estado pelo próprio Estado, por meio de uma política paternalista e autoritária, tomando algumas medidas de caráter liberal, mas conservando a centralização monárquica e impedindo qualquer participação popular. O projeto era realizar reformas pelo povo sem o povo, verdadeiro lema do despotismo esclarecido.

Os Estados onde o despotismo esclarecido apresentou sua forma mais típica foram os economicamente mais atrasados. Neles, a burguesia, limitada a algumas cidades, era uma classe muito fraca social e politicamente. Assim, os déspotas esclarecidos apoiaram-se na aristocracia, classe capaz de fornecer à monarquia funcionários para os órgãos administrativos, elementos capazes de remodelar as universidades. Em troca, ao realizar algumas reformas, o Estado procurou preservar os interesses da aristocracia.

Na prática, os déspotas esclarecidos promoveram reformas que dotaram as sociedades de instituições e ações governamentais mais eficientes, o que fortaleceu o Estado monárquico e freou possíveis revoluções.

A Prússia, reino sob o governo da Dinastia Hohenzollern, teve em Frederico II, o Grande (1740-1786), um caso emblemático de déspota esclarecido. Em seu governo, ocorreram um desenvolvimento econômico e a criação de um forte exército. A obra política de seu governo não eliminou a monarquia absoluta, porém adotou alguns componentes iluministas, como a tolerância religiosa e o estímulo à organização do ensino, com a criação de escolas modernas e o combate ao analfabetismo. Frederico II atraiu intelectuais renomados, como Voltaire, para a corte prussiana, integrando-os à Academia de Berlim, o que conferiu à cidade uma reputação de centro de cultura iluminista. Frederico II aboliu a servidão, porém não conseguiu fazer a aristocracia aceitar a medida. O Estado prussiano se apoiava na aristocracia territorial (*Junker*) e em um forte exército composto por cerca de 200 mil soldados, algo sem precedente em uma nação de apenas 2,5 milhões de habitantes. As reformas pontuais promovidas por Frederico II não entusiasmaram Voltaire, que, desiludido, retornou para a França.

Na Áustria, sob o governo de José II (1780-1790), prevaleceu um ambiente de apoio às artes e às ciências, com a adoção de reformas. O monarca admirava os enciclopedistas e foi considerado como um modelo de déspota esclarecido. Na economia, aboliu a servidão e adotou o colbertismo, orientando a intervenção do Estado na economia visando o desenvolvimento da manufatura nacional; no plano religioso, atuou para colocar a Igreja Católica sob a autoridade do Estado, submetendo-a à orientação da razão. Em seu governo, a censura foi laicizada, sendo retirada do controle religioso da Igreja; estabeleceu, ainda, o princípio do ensino primário obrigatório. A Áustria da Dinastia Habsburgo não era um Estado unificado e, em termos populacionais, homogêneo, comportando várias nacionalidades, como húngaros, italianos, tchecos, eslovacos, croatas e outras. Essa diversidade exigiu que as reformas respeitassem certas especificidades nacionais, o que reduzia o seu alcance. Outro aspecto dificultador era a resistência da aristocracia. Assim, as reformas foram parciais e na prática serviram ao fortalecimento do Estado.

A Rússia de Catarina II, a Grande (1762-1796), foi a responsável pela implementação do despotismo esclarecido. Admiradora dos pensadores iluministas, com quem manteve correspondência, chegando mesmo a conceder uma pensão a Diderot, utilizou algumas de suas ideias como inspiração, desde que não comprometessem o poder imperial. Adotou um novo sistema educacional com perfil laico e procurou melhorar a manufatura russa, mas ao mesmo tempo garantiu a prática da servidão na Ucrânia, região responsável por uma produção de trigo vital para o império russo. Graças ao governo de Catarina, ao final do século XVIII, o Império Russo teve notável crescimento demográfico, alcançando a marca de 29 milhões de habitantes e se constituindo no país mais populoso da Europa. Ilustrada, Catarina colocou em prática apenas medidas que não ameaçavam o seu poder autocrático, pois a soberana exigia obediência inquestionável de seus ministros. Como na Prússia e na Áustria, o despotismo esclarecido serviu na Rússia para fortalecer o Estado e favorecer a nobreza, o que se comprova com legislação adotada em 1785, a Carta da Nobreza, que garantia para sempre o direito de a nobreza manter os camponeses em regime de servidão.

Em Portugal, quando D. José I tornou-se rei, em 1750, nomeou para ministro Sebastião José de Carvalho e Melo, o Marquês de Pombal. Diplomata que havia servido nas cortes de Londres e Viena, Pombal admirava o dinamismo da burguesia inglesa e as ideias do Absolutismo real esclarecido da Áustria. Sob a liderança do Marquês de Pombal, aconteceram todos os trabalhos de reconstrução da cidade de Lisboa, devastada por um violento terremoto em 1755. Uma nova capital foi erguida, baseada em rigoroso planejamento racional geométrico. As forças que atuavam como obstáculos ao poder do rei, como a nobreza e o clero, foram impiedosamente perseguidas, o que culminou na expulsão dos jesuítas do país e depois das colônias, em 1759, após a acusação de cumplicidade da Companhia de Jesus em atentado contra o rei D. José I. Reformas ocorreram na legislação civil, administrativa e fiscal, que foram modernizadas. A Inquisição perdeu todo seu antigo poder, enquanto no comércio interno e no externo foram organizadas grandes Companhias de Capitais particulares, com monopólio garantido pelo Estado, sendo que algumas desenvolviam atividades no Brasil, tais como a Companhia de Comércio do Grão Pará e Maranhão e a Companhia de Pernambuco e Paraíba. Na área do ensino, após a expulsão dos jesuítas, foi instituída uma rede escolar com os graus primário e secundário, a cargo do Estado. Em 1772, foi realizada uma reforma na universidade e se criou a Aula de Comércio, a primeira instituição de ensino comercial superior, onde se estudava Matemática, Contabilidade e Câmbios. As reformas pombalinas foram empreendidas autoritariamente, de cima para baixo, e muitas foram canceladas depois da morte do rei D. José I e do afastamento do Marquês de Pombal pelo novo governo da rainha Dona Maria I, quando a nobreza e o clero recuperaram influência.

Na Espanha, no reinado de Carlos III, entre 1759 e 1780, sobressaiu Pedro Pablo Abarca de Bolea, o Conde de Aranda, que atuou no governo como líder do Conselho de Ministros. Diplomata, Aranda foi embaixador em Paris, onde frequentou círculos intelectuais em que marcavam presença enciclopedistas, como Voltaire, além de figuras como Benjamin Franklin, representante das colônias inglesas da América do Norte. Conhecedor das ideias ilustradas, Aranda atuou na implementação de medidas como a expulsão dos jesuítas do território espanhol e, depois, de seus domínios, em 1767. Algumas reformas procuraram enfraquecer a Igreja Católica e os mosteiros e promover a Ciência e pesquisas universitárias, além do comércio e iniciativas de modernização da agricultura. Várias dessas reformas foram revogadas pelos governos seguintes, tendo em conta o desagrado de setores poderosos, como o clero e a nobreza.

Capítulo 9

A INDEPENDÊNCIA DOS ESTADOS UNIDOS

9.1 – O processo de independência

Como você já leu anteriormente no capítulo 5, os ingleses criaram 13 colônias na América do Norte, as quais eram governadas por representantes vindos da Inglaterra e nomeados pelo rei. Os governadores eram assessorados, em cada colônia, por uma assembleia eleita pelos próprios colonos e encarregada de votar os impostos e as taxas locais. Havia ampla autonomia das colônias em relação à metrópole, pelo menos até meados do século XVIII. A população das 13 Colônias era então de quase 3 milhões de habitantes.

Uma série de fatores influenciaram no rompimento entre as 13 Colônias e a Inglaterra. As causas da independência dos Estados Unidos foram:

- Guerra dos Sete Anos (1756-1763) entre a Inglaterra e a França;
- política mercantilista de arrocho tributário praticada pela Inglaterra em relação aos colonos;
- influência das ideias liberais do Iluminismo.

Agora que você já identificou os fatores, o passo seguinte é examinar, efetivamente, o efeito de cada um deles.

A Guerra dos Sete Anos começou em 1756, porém alguns anos antes tinham ocorrido conflitos entre franceses e indígenas. Esses conflitos e a derrota francesa na Guerra dos Sete Anos levaram ao desaparecimento do Império Francês na América do Norte. Derrotada, a França cedeu para a Inglaterra alguns territórios no Caribe e praticamente todo o Canadá, de acordo com o Tratado de Paris, estabelecido em 1763.

A vitória sobre os franceses ofereceu aos colonos ingleses a possibilidade de desfrutar da sensação de segurança frente a qualquer ameaça estrangeira à sua liberdade e ao mesmo tempo transmitiu a percepção de que eram capazes de se bastarem a si próprios, pois as tropas coloniais obtiveram várias vitórias sem a presença de forças inglesas. Além da eficiência das tropas coloniais, alguns de seus oficiais, como George Washington, adquiriram reputação de bravura e capacidade de liderança e organização. Como não havia mais o perigo francês, era desnecessária a presença de tropas inglesas no continente.

Ao final da Guerra dos Sete Anos, os colonos se sentiram atraídos por explorar as ricas terras que se estendem dos Montes Apalaches ao Rio Mississippi que haviam sido conquistadas aos franceses. No entanto, a Inglaterra, a fim de sanar os prejuízos provocados pela guerra, decidiu reservar aquelas terras para a exploração da própria coroa inglesa. Em 1763, o rei Jorge III declarou a soberania indígena sobre essas áreas, proibindo o acesso dos colonos aos territórios cobiçados, o que feria os interesses de expansão dos colonos.

Outra questão que desagradou imensamente aos colonos foi a decisão do governo inglês de manter um exército regular na América. Para o sustento desse exército, os colonos passariam a ver aumentada sua carga de impostos. O certo é que o ano de 1763, que marcou o final da Guerra dos Sete Anos com a vitória inglesa, assinalou uma mudança nas relações entre o governo inglês e suas colônias.

A Inglaterra havia tido sua economia afetada. O conflito gerou custos elevados e desarranjou as finanças. Para solucionar a crise, a metrópole arrochou sua política colonial impondo uma série de novos impostos e aumentando a repressão sobre as práticas de contrabando, o que afetou as atividades econômicas coloniais.

Em 1764, foi instituído o *Sugar Act*. A Lei do Açúcar era uma medida para melhorar a receita da coroa britânica. A medida regulamentava o comércio do melado e proibia a importação do rum estrangeiro e de outros produtos, como vinho, seda e café. O que essa lei revelava era a preocupação de estabelecer um sistema de arrecadação eficiente.

Em 1765, foi instituído o *Stamp Act*. Lei do Selo impunha uma taxa sobre documentos comerciais e jornais. No mesmo ano, a Lei de Hospedagem exigia que as colônias fornecessem alojamentos e suprimentos às tropas reais.

As medidas que foram sendo adotadas pelo governo inglês criaram entre os colonos um sentimento de que as taxas e os impostos lhes impunham prejuízos, além de serem injustas e ilegais, pois foram aprovadas sem consulta às assembleias coloniais. O descontentamento provocou o surgimento de movimentos e grupos organizados que condenavam o princípio do imposto sem representação e se dispunham a resistir ao arbítrio do governo inglês. Passaram a ocorrer protestos em cidades, como Boston e Nova York. As manifestações tinham sempre como lema: "Nenhuma taxação sem representação".

As relações entre o governo inglês e os colonos foram ficando tensas e levaram a um incidente gravíssimo em Boston, quando um grupo de colonos protestou diante de um quartel inglês. Os soldados ingleses dispararam e cinco colonos foram mortos, havendo também seis feridos. O fato ficou conhecido como Massacre de Boston (5/3/1770), tendo sido utilizado como propaganda por colonos que já eram partidários da independência.

O ponto culminante do endurecimento tributário do governo inglês ocorreu em 1773, com o *Tea Act*. A Lei do Chá dava o monopólio do comércio do chá à Companhia das Índias Orientais, o que refletiu em um aumento de preços. Em 16 de dezembro de 1773, um grupo de 150 colonos, disfarçados de indígenas mohawks, atacaram três navios da Companhia das Índias e atiraram ao mar 340 caixas de chá. O episódio ficou conhecido como *Boston Tea Party* (Festa do Chá de Boston) e teve repercussão.

A reação do Parlamento inglês veio com novas e severas leis, em 1774. Foram as Leis de Coerção que:

- estabeleciam restrições políticas;
- determinavam o fechamento do porto de Boston, até que fossem pagos os prejuízos;
- impunham a ocupação militar de Massachusetts, de que Boston era capital;
- decidiam que o julgamento de funcionários ingleses só ocorreria em outra colônia ou na Inglaterra.

Outra iniciativa do governo inglês foi a Lei de Quebec, que concedia garantias aos habitantes dessa região do Canadá, barrando a expansão dos colonos e protegendo o comércio de peles que os ingleses realizavam com a população indígena.

Em resposta ao governo inglês, os colonos convocaram, em 5 de fevereiro de 1774, o Primeiro Congresso Continental da Filadélfia. Representantes das colônias elaboraram uma petição que foi encaminhada ao Rei Jorge III, protestando contra o que chamavam de Leis Intoleráveis. O texto era moderado e revelava que a separação ainda não era consenso entre as colônias. O que o encontro e a petição demonstravam era que ainda havia margem para conversações.

A Inglaterra reagiu buscando ganhar tempo. Alegava haver espaço para conversações, mas não revogava as medidas coercitivas e aumentava o número de soldados ingleses na América. O ambiente de desconfianças e a militarização do território produziram os primeiros confrontos armados entre os colonos e os ingleses, ocorridos em Lexington e Concord, em Massachusetts, perto de Boston.

Com as hostilidades já desencadeadas, realizou-se em 10 de maio de 1775 o Segundo Congresso Continental da Filadélfia. O cenário era inapropriado para aqueles que ainda desejavam um acordo com a Inglaterra. Em 1776, um panfleto de autoria de Thomas Paine, intitulado Senso Comum, pregou a separação entre as colônias e a Inglaterra. O panfleto alcançou forte repercussão. De origem inglesa, Paine era republicano e crítico contundente da monarquia. Seu escrito propunha que o tempo de falar havia passado e que a partir de então as armas tinham a palavra. Em 2 de julho de 1776 foi formada uma comissão, composta por cinco membros, encarregada de redigir a declaração de independência. O documento foi tornado público em 4 de julho de 1776.

Ao nível das ideias, a independência dos Estados Unidos foi inspirada pelo Iluminismo. Uma das principais influências que os colonos receberam veio de John Locke – por ironia da História, um inglês. As ideias desse pensador inspiraram a Revolução Gloriosa inglesa, de 1688, que havia instituído a supremacia do Parlamento sobre a monarquia inglesa. Em John Locke, os colonos foram buscar a ideia de um Estado de base contratual, responsável por garantir os direitos naturais do homem, identificados como a liberdade, a felicidade e a prosperidade. Para Locke, o Estado que não cumpre seus objetivos permite aos cidadãos o direito à rebelião em defesa de seus direitos naturais. Essas ideias foram apresentadas em sua obra *Ensaio sobre o Governo Civil*. No texto da Declaração de Independência das 13 Colônias, é notória a influência das ideias de Locke. Muitos dos líderes intelectuais da independência dos Estados Unidos foram influenciados pelo pensamento de Rousseau, Montesquieu, Voltaire e dos enciclopedistas em geral.

9.2 – A Guerra da Independência

Conforme já mencionamos, mesmo antes da Declaração de Independência, em 4 de julho de 1776, já haviam ocorrido, em 1775, os primeiros confrontos entre colonos e tropas inglesas.

Com a deflagração das hostilidades, as forças coloniais se depararam com enormes dificuldades. Inexistia um exército colonial organizado, treinado, disciplinado e equipado que pudesse fazer frente ao exército britânico. Além de tudo, a marinha britânica dispunha do controle marítimo do litoral das colônias.

O processo de independência foi liderado por latifundiários, comerciantes e intelectuais urbanos.

A organização do exército colonial ficou sob a responsabilidade de George Washington, fazendeiro da Virgínia, que havia combatido na Guerra dos Sete Anos (1756-1763) e possuía experiência militar e espírito de liderança. O núcleo do exército colonial beirava os 10 mil combatentes. Os efetivos dobravam caso se considere as milícias compostas por voluntários que atuavam em atos de sabotagem contra o exército inglês. Eram os *Minutemen*, homens que se dispunham a agir a qualquer minuto na luta contra os ingleses.

Entre as dificuldades que afetavam as forças coloniais, estava o problema do equipamento bélico escasso, além da situação econômica crítica e da desvalorização da moeda.

Em contraste, os britânicos contavam com 15 mil soldados regulares e 30 mil mercenários alemães (hessianos), tropas bem armadas. Os ingleses enviaram para o palco dos combates vários generais experientes, como William Howe, John Burgoyne e o Marquês Cornwallis, além de disporem do apoio da maior marinha do mundo.

No início do conflito, as forças britânicas, sob o comando do general Howe, conseguiram algumas vitórias, como Long Island, White Plains e Bradywine Creek, capturando a cidade de Filadélfia em setembro de 1777. Um momento crucial para o desenrolar do conflito ocorreu em 17/10/1777, quando o exército colonial obteve uma importante vitória na Batalha de Saratoga, onde o comandante inglês, o general Burgoyne, rendeu-se com 5 mil soldados. A vitória em Saratoga estimulou os responsáveis pelo movimento de independência a enviarem Benjamim Franklin para a Europa. Sua missão era obter a ajuda dos países europeus. Na França, onde havia um sentimento de revanche em relação aos ingleses, Franklin conseguiu uma ajuda consistente. Os franceses decidiram colaborar enviando 6 mil soldados sob o comando do Marquês de La Fayette e do general Rochambeau. Além disso os franceses forneceram suprimentos, armas e recursos econômicos. A Espanha também se dispôs a apoiar a causa da independência contribuindo com empréstimos.

A colaboração francesa foi muito importante, entre 1780 e 1781, para o rompimento do bloqueio britânico das costas dos Estados Unidos.

Em 1781, ocorreu uma batalha decisiva: os ingleses, sob o comando do general Cornwallis, ocupavam a cidade de Yorktown, na baía de Chesapeake, na Virgínia. O almirante francês De Grasse surgiu na costa da Virgínia comandando uma esquadra de 20 navios de guerra. Essa força naval impediu a chegada de reforço ou a evacuação das tropas de Cornwallis. Aproveitando a situação, Washington marchou contra Yorktown à frente de 16 mil soldados norte-americanos e franceses. No dia 19 de outubro de 1781, Cornwallis rendeu-se. Na Inglaterra, o governo avaliou que não havia mais nenhuma possibilidade de submeter as 13 Colônias.

Em 1782, ocorreram longas negociações, cujos representantes dos Estados Unidos eram Benjamin Franklin, John Adams, John Jay e Henry Lawrence. Essas negociações desembocaram, em 1783, no Tratado de Paris, que colocou ponto final no conflito e reconheceu a independência dos Estados Unidos. O primeiro artigo do tratado de paz reconhecia que os Estados Unidos eram livres, soberanos e independentes. A França viu sua participação no conflito recompensada com a obtenção do Senegal, na África, e em algumas ilhas das Antilhas; a Espanha recebeu a ilha de Minorca, no Mediterrâneo, e territórios da Flórida. A Grã-Bretanha conseguiu incluir no tratado dois artigos que permitiam a credores britânicos procurarem obter pagamentos de créditos nos Estados Unidos e recomendando aos estados a devolução de propriedades confiscadas de súditos ingleses.

9.3 – A formação dos Estados Unidos

> Sustentamos serem evidentes por si mesmas as verdades de que todos os homens nascem iguais, são dotados pelo seu criador de certos Direitos inalienáveis e que entre estes Direitos estão a vida, a liberdade, e a busca da felicidade. Sustentamos, que para a consecução de tais direitos, os Governos são instituídos entre os homens, derivando seus justos poderes do consentimento dos governados. Sustentamos ainda, que em todos os casos em que qualquer Forma de Governo tornar-se destrutiva desses fins, constitui direito do Povo alterá-la ou aboli-la e instituir novo Governo, colocando-lhe as fundações sobre tais princípios e organizando seus poderes da forma que lhes pareça apropriada à consecução da Segurança e da Felicidade (Allen, 1968, p. 35).

O trecho do parágrafo anterior é uma parte da Declaração de Independência dos Estados Unidos da América redigida por uma comissão em que sobressaiu a participação de Thomas Jefferson. O conteúdo do documento, publicado em 4 de julho de 1776, expressava o pensamento iluminista. Como já foi tratado neste capítulo, declarada a independência, seguiu-se uma guerra contra os ingleses, só encerrada em 1783, com o Tratado de Paris. Declarada a independência, vencida a guerra e celebrada a paz, agora era necessário tratar da elaboração da Constituição.

Embora gozassem de liberdade, os 13 estados não constituíam realmente uma nação. Era necessário, a partir de então, criar um país livre, com novos princípios e uma organização política interna. Com a intenção de estabelecer símbolos que contribuíssem para construir a identidade nacional dos Estados Unidos, foi adotada uma bandeira. Tinha 13 listras de cores alternadas, 7 vermelhas e 6 brancas, cada listra representando uma das originais 13 Colônias. No canto superior esquerdo, 13 estrelas sobre um fundo azul.

Desde 1781, portanto, antes ainda da concretização da independência, vigorava um documento chamado de Artigos de uma Confederação e União Perpétua, elaborado com a colaboração de Benjamin Franklin e com redação de John Dickinson. Foi durante alguns anos o documento que manteve unidos institucionalmente os 13 estados. Foi com base nesse documento que uma comissão, a Convenção da Filadélfia, discutiu o texto da nova Constituição.

Enquanto não havia uma Constituição, apresentaram-se grandes dificuldades. O Governo Confederado atuou durante o tempo que historiadores norte-americanos chamaram de período crítico. A Guerra de Independência originou problemas econômicos e desorganização social. A moeda estava completamente desvalorizada. No campo político, os governos estaduais começaram a brigar entre eles.

Sob a liderança de George Washington, em 1787, reunidos na Filadélfia, uma comissão de 55 delegados trabalhou na elaboração da Constituição. O trabalho foi concluído em 28 de setembro de 1787, e a Constituição foi promulgada. Um dos mais destacados redatores do texto foi James Madison, representante da Virgínia, tido como pai da Constituição.

O longo tempo de trabalho para a elaboração da Constituição revela a dificuldade para superação de certas divergências. Um dos principais obstáculos era conciliar a unidade com o regionalismo. Duas tendências se debatiam: a federalista (precursora do atual Partido Republicano), que defendia um governo central forte, e a antifederalista (precursora do atual Partido Democrata), que defendia os direitos dos estados.

Os autores do texto constitucional alcançaram uma solução de equilíbrio. Sintética, pois composta por apenas 7 artigos, a Constituição dos Estados Unidos apresenta um caráter bastante amplo, estabelecendo princípios gerais que colaboraram para sua longevidade e para a estabilidade, ao ponto de vigorar até hoje.

Aos 7 artigos originais, foram acrescentadas com o tempo 27 emendas, sendo que as primeiras 10 foram aprovadas em bloco, em 1790, ficando conhecidas como Carta de Direitos.

O texto constitucional, em seu preâmbulo, afirmava:

> Nós, o Povo dos Estados Unidos, a fim de formar uma união mais perfeita, estabelecer a Justiça, assegurar a tranquilidade interna, dispor sobre a defesa comum, promover o bem-estar geral e obter as bênçãos da liberdade para nós e nossa prosperidade, determinamos e estabelecemos esta Constituição para os Estados Unidos da América (Freitas, 1976).

Antes de se fazer qualquer análise quanto ao conteúdo dos artigos da Constituição, caberia perguntar quem eram "nós"? Como já estudamos neste capítulo, o próprio processo de independência foi conduzido por latifundiários, comerciantes e intelectuais urbanos, uma minoria da população dos Estados Unidos. Assim, a maior parte da população estava excluída da participação política. A Constituição garantia a cada estado o direito e a liberdade de organizar suas próprias eleições. O que veio a ocorrer foi a imposição de regras que exigiam a comprovação de certa riqueza para dispor do direito de voto e proibiam o direito de voto feminino e de pessoas escravizadas. Conforme verificamos, quando o texto constitucional menciona "Nós, o Povo", não explicita a considerável parcela de excluídos dos direitos que a Constituição propunha garantir. Essa constatação revela os limites do liberalismo daquele tempo.

O federalismo, isto é, a autonomia para cada estado, e o presidencialismo são conceitos fundamentais dessa Constituição. Sob a influência do pensamento iluminista de Montesquieu, os poderes são distribuídos em Executivo, Legislativo e Judiciário. Esses poderes devem ser independentes e funcionar em harmonia.

O Poder Executivo é exercido pelo presidente, a quem compete o poder de nomear, com a aprovação do Senado, servidores civis e militares; prestar informações sobre o estado da União; negociar tratados e receber embaixadores; e exercer o papel de comandante-chefe das Forças Armadas. O sistema de eleição do presidente e do vice-presidente dos Estados Unidos é peculiar. O sistema nasceu em função do receio em relação ao governo popular irrestrito. Artífices da independência, como Alexander Hamilton, afirmavam: "o povo é turbulento e inconstante, e raramente julga ou determina corretamente". Era um pensamento que expressava o temor de que a democracia plena viesse substituir a tirania do déspota pela tirania da maioria. Sob a justificativa de evitar esse risco e assegurar uma escolha sóbria e refletida, instituiu-se, a partir de 1796, a sistemática do colégio eleitoral. O sistema adotou uma eleição indireta. Tecnicamente, o povo não vota nas eleições do presidente ou do vice-presidente, mas nos eleitores estaduais (delegados), que estão comprometidos a votar nos candidatos escolhidos pelo partido para ambos os cargos. Por tradição, o partido que ganhe a eleição em cada estado conquista todos os eleitores (delegados) estaduais, que devem ser, de acordo com a Constituição, "iguais ao número de senadores e deputados a que cada estado tem direito no Congresso". O sistema peculiar permite que o candidato vitorioso na votação dos cidadãos seja derrotado no colégio eleitoral, conforme, aliás, ocorreu em 2000, quando da eleição de George Walker Bush, e em 2016, por ocasião da eleição de Donald Trump.

O Poder Legislativo compete ao Congresso. O mesmo é bicameral, ou seja, composto por duas câmaras: a Câmara dos Representantes, com a representação proporcional de acordo com a população de cada estado (incluindo-se as pessoas escravizadas) e seus membros cumprindo mandato de dois anos; e o Senado, com representação de dois senadores por unidade estadual, eleitos para mandato de seis anos. Essa solução adotada conciliava os interesses dos estados mais populosos (Virgínia) com os estados pequenos (Nova Jersey). Ao Congresso, cabia declarar guerra e manter as Forças Armadas, criar agências de correio e rotas postais, conceder patentes, proteger *copyrights* e lançar impostos, a fim de promover o bem-estar geral dos Estados Unidos.

O Poder Judiciário apresenta como órgão superior a Suprema Corte, com a função de servir de instância de apelação final. Atua no julgamento de litígios entre os estados e nos casos em que a União é parte, além de exercer o direito de interpretar a própria Constituição. A Corte Suprema é constituída por juízes investidos de caráter vitalício, escolhidos pelo presidente da República juntamente com o Senado.

A Constituição foi instrumento fundamental para a consolidação do poder central, ao mesmo tempo que concedeu aos estados uma ampla autonomia para a resolução de problemas locais. Cada estado ganhou o direito de possuir sua própria Constituição.

9.4 – As repercussões da Independência dos Estados Unidos

A Revolução Americana, ou Independência dos Estados Unidos, foi um marco na história do continente, pois desencadeou uma série de movimentos emancipacionistas que desmancharam o antigo sistema colonial na América espanhola e na América portuguesa.

No caso da América portuguesa, é notória a esperança que o sucesso da independência dos Estados Unidos despertou nos participantes da Inconfidência Mineira, também chamada de Conjuração Mineira. Existem documentos que revelam que um de seus simpatizantes, José Joaquim da Maia, teve um encontro em Nimes, no sul da França, com Thomas Jefferson, na época embaixador dos Estados Unidos na França, em busca de apoio. Jefferson teria alegado não possuir autoridade para garantir tal apoio, mas que faria chegar ao governo dos Estados Unidos a questão. Ao que parece, Jefferson esquivou-se de qualquer compromisso, provavelmente preocupado em colocar em risco a relação com Portugal, país com o qual os Estados Unidos mantinham negócios.

As mudanças que a Revolução Americana promoveu na ordem interna foram políticas. Em lugar da obediência a um monarca hereditário, a população passou a viver em uma república governada por um presidente eleito pelos representantes da nação, ainda com a vantagem de não ser um governo vitalício, mas sujeito a um mandato estabelecido pela Constituição. É bem verdade que o liberalismo da Constituição promulgada em 1787 apresentava limites que as constituições estaduais reforçaram. Assim, o direito de voto exigia do eleitor a propriedade de terras e riquezas, excluindo muitos, além de não proporcionar direitos às populações originárias e não resolver a situação da população escravizada. Portanto, a liberdade e a igualdade não beneficiavam a todos. Em contrapartida, a Constituição liberal consagrava o direito de propriedade e garantia os interesses dos grupos que detinham o poder nas antigas colônias, ou seja, fazendeiros do sul e empresários e e comerciantes da burguesia do norte.

A independência dos Estados Unidos, ao aplicar as ideias liberais de John Locke e dos iluministas franceses, como Montesquieu, demonstrou para a burguesia francesa a possibilidade de empreender uma revolução contra o Antigo Regime. A Revolução Francesa de 1789 compartilhou com a Revolução Americana o ideário iluminista, porém tendo em conta especificidades históricas locais teve um processo mais turbulento e diferente. Seu impacto no mundo foi mais sentido, o que levou muitos historiadores a considerá-la o marco histórico de um novo tempo, a História Contemporânea.

Capítulo 10

A REVOLUÇÃO INDUSTRIAL

10.1 – Uma definição e as causas do pioneirismo inglês

Por um equívoco conceitual, algumas pessoas relacionam a ideia de revolução a transformações, exclusivamente, de natureza política. Por isso, faz-se necessária essa reflexão inicial. Certos casos apresentados como revoluções constituem apenas golpes políticos em que se afasta um governante substituindo-o por outro, quer dizer, uma mudança simplesmente de pessoas, sem alterações mais profundas.

O conceito de revolução é mais complexo, pois lida com quadros que produzem profundas transformações econômicas, sociais, políticas, técnicas e culturais.

Com a Revolução Industrial, iniciada na Inglaterra a partir do século XVIII, ocorreram transformações em todos esses níveis e tão profundas e radicais que devem, efetivamente, ser consideradas revolucionárias.

Antes da deflagração da Revolução Industrial, a transformação de matérias-primas a serem consumidas pelos seres humanos conheceu um longo processo com as oficinas artesanais e a manufatura, até se chegar ao surgimento da maquinofatura.

Nas oficinas artesanais, da Baixa Idade Média, a produção era simples. Ainda não havia divisão de trabalho e todas as fases da produção eram feitas pela mesma pessoa. O artesão trabalhava em sua casa, sendo essa produção conhecida por doméstica.

A manufatura floresceu com a História Moderna. Numerosos trabalhadores se concentravam em um mesmo local, dirigidos por um chefe, para trabalharem na conclusão da produção de um artigo. Nessa etapa, foi se estabelecendo uma especialização do trabalho, com cada trabalhador se encarregando de uma tarefa específica.

A passagem da produção artesanal para a manufatura assinalou a transformação do artesão em trabalhador assalariado. O trabalhador já não era o dono da matéria-prima e das ferramentas, fornecidas por um grande comerciante, que lhe pagava pelo trabalho um salário.

A maquinofatura, estágio desencadeado com a Revolução Industrial, se caracterizou pelo uso de máquinas que substituíram as ferramentas utilizadas pelos trabalhadores.

O berço da Revolução Industrial foi a Inglaterra, mas existe uma certa dificuldade em se estabelecer exatamente a data de sua deflagração. Ao contrário de fatos históricos já examinados neste livro, como a Revolução Gloriosa de 1688 ou a Independência dos Estados Unidos em 1776, a Revolução Industrial deve ser compreendida como um processo de transformações iniciadas no século XVIII, por volta de 1760, que se prolongam até o nosso tempo.

Vários fatores contribuíram para o pioneirismo da industrialização inglesa. Na sequência, analisamos alguns:

- **em termos econômicos**, havia disponibilidade de capitais, pois o desenvolvimento comercial da Inglaterra era muito grande e alcançava escala mundial, além de contar com ferro e carvão, matérias-primas fundamentais para a construção e o funcionamento das máquinas. A abundância de capital permitia a obtenção de empréstimos pelos industriais, pois as taxas de juros cobradas eram baixas;
- **em termos sociais**, desde o século XVI, com os cercamentos, grandes quantidades de camponeses pobres, expulsos do campo, migravam para as cidades, constituindo mão de obra

abundante e barata, primeiramente para as manufaturas e, a partir do século XVIII, para as indústrias;
- **em termos políticos**, com a Revolução Gloriosa de 1688, ocorreu a passagem do poder para o controle dos burgueses, que implantaram um Estado liberal a sua feição. Assim, várias medidas foram adotadas em favor da industrialização, tais como melhorias no sistema de circulação, com a construção de estradas, canais e portos. A circulação interna das mercadorias foi facilitada pela uniformização de impostos e a eliminação de barreiras alfandegárias. Ao mesmo tempo, o comércio exterior foi incrementado, contando com a maior marinha daquele tempo, capaz de dar escoamento às mercadorias.

Em síntese, o que se verifica é que a Inglaterra possuía, no século XVIII, condições necessárias para o desenvolvimento da economia capitalista. As mudanças econômicas, sociais e políticas vieram acompanhadas de transformações técnicas produzidas por novos inventos e da aplicação dos conhecimentos científicos no âmbito da produção.

10.2 – A Revolução Industrial na Inglaterra e a mecanização da produção

Quando estudamos a Revolução Industrial, utilizamos um recurso didático de considerar diferentes etapas de seu processo. Como o foco deste livro é a História Moderna, o recorte cronológico aqui abordado se situa entre os séculos XV e XVIII. Assim sendo, a análise que apresentamos neste capítulo trata da primeira etapa da Revolução Industrial, transcorrida, aproximadamente, entre 1760 e 1830, quando a industrialização praticamente se limitou à Inglaterra.

A Revolução Industrial envolveu uma mudança do trabalho manual para o realizado por máquinas, e do trabalho humano ou animal para outras formas de energia, como a máquina a vapor ou de combustão.

A partir de 1760, ocorreram mudanças que fizeram do algodão a matéria-prima responsável pelo arranque da Revolução Industrial. A industrialização da segunda metade do século XVIII iniciou-se com a mecanização do setor têxtil, cuja produção tinha amplos mercados nas colônias, inglesas ou não, da América, da África e da Ásia. Esse algodão era procedente das colônias inglesas (Índia e Estados Unidos), onde era cultivado com a exploração de asiáticos e africanos escravizados. Com a Guerra de Independência dos Estados Unidos (1776-1783), os ingleses passaram a adquirir algodão cultivado na América portuguesa, no Maranhão.

A produção de tecidos de algodão era destinada à exportação e impulsionou a economia inglesa. Um desenvolvimento tecnológico permitiu que novas técnicas e maquinários fossem introduzidos na produção têxtil. Em 1733, John Kay inventou a lançadeira volante, que duplicou a produção de um tecelão. Em 1768, James Hargreaves inventou uma máquina de fiar movida por energia humana. Em 1768, Richard Arkwright inventou um modelo de máquina de fiar que podia ser movido pela ação da água ou por energia animal, o que barateava a produção. Em 1779, Samuel Crompton inventou a Mule, que fabricava fios finos e resistentes. Com o aumento da capacidade da produção de fios, tornou-se necessário encontrar uma solução para aumentar a capacidade de tecer, o que foi resolvido com a invenção do tear mecânico por Edmund Cartwright.

Em 1768, James Watt inventou a máquina a vapor, resolvendo o problema da energia para mover as máquinas de tecer. O tear mecânico de Cartwright era movido a energia a vapor. A indústria têxtil deslanchava, a máquina substituía a ferramenta dos artesãos e a energia a vapor substituía a energia humana ou animal.

O maquinário era caro e não podia ser adquirido por um simples trabalhador. Grandes e pesadas, as máquinas de tecer não podiam ser instaladas em espaços inadequados. Assim, os trabalhadores eram reunidos no local em que se instalavam as máquinas: a fábrica.

Mulheres e crianças, que ganhavam menos que os homens, podiam manejar facilmente as máquinas movidas a vapor. A mecanização e a preferência pelo trabalho de mulheres e crianças levaram muitos trabalhadores ao desemprego.

A indústria têxtil não foi a única, embora tenha sido a principal, a se desenvolver no século XVIII. A indústria do ferro também avançou. Em 1709, Abraham Darby produziu o ferro fundido, em uma fusão com o coque, um tipo de combustível derivado da hulha (carvão betuminoso). Em meados do século XVIII, a qualidade do ferro fundido era tão alta que ele começou a substituir a madeira nas construções. Assim, com a indústria metalúrgica, floresceram as indústrias de bens de capital, as chamadas indústrias pesadas, por utilizarem material pesado, responsáveis pela produção de maquinaria para as outras indústrias.

A indústria do ferro fez grandes requisições às minas de carvão, para com este alimentar suas fornalhas. A produção de carvão cresceu e impulsionou o desenvolvimento industrial inglês, permitindo o funcionamento das máquinas a vapor. Com elas, era possível aos mineiros bombear águas das minas a uma profundidade do solo impensável sem esse recurso. O carvão foi utilizado para a indústria e para gerar força motora para as ferrovias e os barcos a vapor a partir do século XIX.

10.3 – Os efeitos da industrialização

Em seu conjunto a Revolução Industrial, acarretou uma série de transformações, ao mesmo tempo que contribuiu para a afirmação do modo de produção capitalista como indiscutivelmente dominante.

Em termos econômicos, a introdução da maquinaria possibilitou a produção de mercadorias em escalas muito maiores. As fábricas eram estabelecidas, geralmente, próximas às margens dos rios para dispor de água. Para economizar com o transporte de matérias-primas, havia a necessidade de agrupar operários para controlar a produção. Assim, as indústrias eram instaladas frequentemente em uma mesma área. A concentração fabril dos trabalhadores em certas regiões ocorreu preferencialmente em locais que possuíam carvão, como ao norte e ao oeste do país, na chamada Inglaterra Negra, o que originou um grande contraste com as regiões do sul e do sudeste, a chamada Inglaterra Verde, em que predominavam a agricultura e o pastoreio. Com o desenvolvimento da técnica, passou a ocorrer uma divisão de funções, o que tornou a produção bem mais rápida. A especialização das tarefas contribuiu como fator da alienação do trabalhador que, executando apenas uma operação mecânica, perde a visão de conjunto do resultado de seu trabalho. Mas o aspecto mais importante foi a separação entre o capital, controlado pela burguesia detentora dos meios de produção (instalações, máquinas, matérias-primas) e o trabalho. Com isso, os operários passaram a ser simples assalariados dos capitalistas (donos do capital).

Quanto aos efeitos sociais da Revolução Industrial, um notório foi a urbanização. A aglomeração de grande número de trabalhadores nas áreas industriais contribuiu para o crescimento de cidades. Manchester, um pequeno povoado no início do século XVIII, em 1800 alcançou 100 mil habitantes. Birmingham, ao final do século XVIII, atingiu 70 mil pessoas, enquanto Liverpool, Bristol e Norwich contavam com 25 mil moradores. A urbanização era incrementada por um forte movimento migratório, que impelia pessoas do campo para a cidade, em busca de trabalho. A população que migrava da zona rural para as cidades enfrentava terríveis condições de moradia. Era difícil alojar-se, e essa numerosa população se instalava em moradias precárias. Em cidades como Londres, Manchester ou em distritos mineiros, os trabalhadores viviam em porões, sótãos ou habitações compartilhadas por várias famílias, verdadeiros cortiços, onde as condições de higiene eram péssimas. No entanto, o principal efeito social foi a reestruturação da sociedade inglesa, com a burguesia ascendendo à condição de classe dominante, enquanto o proletariado industrial tornou-se a base da sociedade. Ao enriquecimento da burguesia, se contrapunha a exploração cada vez maior a que era submetida a classe trabalhadora assalariada. As jornadas de trabalho eram longas e extenuantes (14, 16 e até 18 horas), os salários eram baixos, as condições de trabalho eram precárias (falta de segurança e higiene), mulheres e crianças eram superexploradas, recebendo salários ainda mais baixos, a disciplina imposta nas fábricas era rigorosa e inexistia qualquer legislação de proteção aos direitos do trabalhador. Assim, ainda no século XVIII, surgiram movimentos de revolta dos trabalhadores, que atacavam e destruíam as máquinas, às quais atribuíam o desemprego e o aumento da miséria. O movimento ficou conhecido como ludismo, em razão de Nedd Ludd, tecelão que teria destruído o tear de seu patrão e emprestado assim o seu nome ao movimento. O ludismo, ou movimento quebra-máquinas, foi severamente reprimido pelas autoridades inglesas. As dificuldades enfrentadas pelos trabalhadores e o interesse comum estimularam a formação de sociedades de trabalhadores em alguns locais, como Manchester. O governo reagiu, em 1779, criando uma lei que proibia as associações de trabalhadores, as chamadas *trade unions*, que só se consolidariam no século XIX.

Em termos políticos, o governo da Inglaterra, durante o século XVIII, preservava um poder aristocrático temperado pela fiscalização parlamentar dominada pela burguesia, impregnada pelas ideias de defesa dos direitos individuais e alinhada às doutrinas do *laissez-faire* e ao liberalismo de Adam Smith. A burguesia acreditava que o desenvolvimento econômico aconteceria naturalmente após a remoção de restrições ao comércio e ao capital, não apenas na Inglaterra, como no mundo inteiro. Como as pessoas são criaturas competitivas, a retirada das barreiras ao livre curso do capital, do trabalho e das mercadorias asseguraria a produção de mais e melhores mercadorias, ao preço mais baixo possível para o benefício de todos. Para esse liberalismo econômico, surgido no século XVIII, caberia ao governo preservar a lei e a ordem, impor a execução de contratos, proteger a propriedade, defender as fronteiras e empreender somente projetos onerosos demais para um indivíduo ou para a iniciativa de um grupo desses. O roteiro que o liberalismo burguês recomendava era o da redução dos impostos e da interferência estatal.

Iniciada e liderada pela Inglaterra, no século XVIII, a Revolução Industrial propagou-se pela Europa (Bélgica, França, Alemanha, Itália e Rússia) e por outros continentes, como a América (Estados Unidos) e a Ásia (Japão) no decorrer do século XIX. Suas transformações revolucionárias parecem não haver se esgotado.

REFERÊNCIAS BIBLIOGRÁFICAS

ALLEN, H. C. **História dos Estados Unidos da América**. Rio de Janeiro: Companhia Editora Forense, 1968.

ANDERSON, P. **Linhagens do Estado Absolutista**. São Paulo: Brasiliense, 1995.

ASHTON, T. S. **A Revolução Industrial**. Lisboa: Publicações Europa América, 1971. (Coleção Saber).

BAZIN, G. **Barroco e Rococó**. São Paulo: Martins Fontes, 2010.

BURKE, Pr. **O Renascimento Italiano** – Cultura e Sociedade na Itália. São Paulo: Nova Alexandria, 1999.

CALDEIRA, A. M. **Escravos e Traficantes no Império Português:** o Comércio Negreiro Português no Atlântico durante os Séculos XV a XIX. Lisboa: Esfera dos Livros, 2013.

CARPENTIER, J.; LEBRUN, F. **História da Europa**. Lisboa: Editorial Estampa, 1993.

CORVISIER, A. **História Moderna**. São Paulo: Divisão Europeia do Livro, 1976.

DELUMEAU, J. **A Civilização do Renascimento**. Lisboa: Editorial Estampa, 1993.

DELUMEAU, J. **La Reforma**. Barcelona: Editorial Labor, 1967.

DURANT, W. **A Reforma**. Rio de Janeiro: Record, 1957. (Coleção A História da Civilização, v. 6).

ERASMO, D. **Elogio da Loucura**. Porto Alegre: L&PM, 2008.

FERRO, M. **História das Colonizações**. Lisboa: Editorial Estampa, 1996.

FREITAS, G. de. **900 Textos e Documentos de História**. Lisboa: Plátano, 1976. v. 3.

GARIN, E. **O Homem Renascentista**. Lisboa: Editorial Presença, 1988.

GOMES, L. **Escravidão:** do Primeiro Leilão de Cativos em Portugal até a Morte de Zumbi dos Palmares. Rio de Janeiro: Globo Livros, 2019. v. 1.

GRAMMONT, Guiomar de. **Aleijadinho e o Aeroplano**: o paraíso barroco e a construção do herói colonial. Rio de Janeiro: Civilização Brasileira, 2008.

HILL, C. **O Eleito de Deus**: Oliver Cromwell e a Revolução Inglesa. São Paulo: Companhia das Letras, 1988.

HILL, C. **O Século das Revoluções**. São Paulo: Editora Unesp, 2012.

HOBSBAWM, E. **En Torno a los Orígenes de la Revolución Industrial**. Buenos Aires: Siglo Veintiuno Editores, 1975.

HUGON, P. **História das Doutrinas Econômicas**. São Paulo: Atlas, 1952.

KARNAL, L. *et al.* **História dos Estados Unidos:** das Origens ao Século XXI. São Paulo: Contexto, 2010.

LEMERLE, P. **História de Bizâncio**. São Paulo: Martins Fontes, 1991.

MAQUIAVEL. **O Príncipe**. Rio de Janeiro: Vecchi, 1947.

MICELI, P. **As Revoluções Burguesas**. São Paulo: Atual, 1994.

MOUSNIER, R. **Os séculos XVI e XVII**. São Paulo: Difusão Europeia do Livro, 1967. (Coleção História Geral das Civilizações, v. 1).

NOVAIS, F. O Brasil nos Quadros do Antigo Sistema Colonial. *In*: **Brasil em Perspectiva**. São Paulo: Difusão Europeia do Livro, 1968.

PERRY, M. **Civilização Ocidental.** Uma História Concisa. São Paulo: Livraria Martins Fontes, 1985.

PIGAFETTA, A. **A Primeira Viagem ao Redor do Mundo:** Diário da Expedição de Fernão de Magalhães. Porto Alegre: L&PM, 1997.

ROMANO, R. **Mecanismos da Conquista Colonial**. São Paulo: Perspectiva, 1973.

ROMANO, R.; TENENTI, A. **Los Fundamentos del Mundo Moderno:** Edad Média Tardia, Reforma, Renascimiento. Madri: Siglo XXI Editores, 1972. (História Universal Siglo XXI, v. 12).

SERRÃO, J. V. **Portugal e o Mundo nos Séculos XII a XVI**. Lisboa: Editorial Verbo, 1994.

SILVA, A. da C. e. **A Manilha e o Libambo:** a África e a Escravidão de 1500 a 1700. Rio de Janeiro: Nova Fronteira, 2002.

SILVA, A. da C. e. **Um Rio Chamado Atlântico:** a África no Brasil e o Brasil na África. Rio de Janeiro: Nova Fronteira/Editora UFRJ, 2003.

THOMPSON, E. P. **A Formação da Classe Operária Inglesa**. Rio de Janeiro: Paz e Terra, 1987. v. 1, 2 e 3.

THOMPSON, E. P. **Costumes em Comum**. São Paulo: Companhia das Letras, 1998.

TREVELYAN, G. M. **História Concisa de Inglaterra**. Lisboa: Publicações Europa América, 1990. v. 1 e 2.

VENTURA, M. da G. M. **Viagens e Viajantes no Atlântico Quinhentista**. Lisboa: Edições Colibri, 1996.

WILLIAMS, E. **Capitalismo e Escravidão**. São Paulo: Companhia das Letras, 2012.